KB275192

PD가 묻고
운명이 답하다

PD가 묻고 운명이 답하다

2025년 12월 10일 초판 인쇄
2025년 12월 22일 초판 발행

저자   이석진
발행인   박홍주
발행처   도서출판 푸른솔
편집부   02-715-2493
영업부   02-704-2571
팩스   02-3273-4649
디자인   보임디자인(주)
주소   서울시 마포구 삼개로 20 근신빌딩 별관 302호
등록번호 제1-825

ⓒ 이석진 2025

값_22,000원

ISBN 979-11-991362-5-0 (03150)

PD가 묻고
운명이 답하다

大明 이석진

푸른솔

책을 펴내며

"KBS PD가 사주 공부를 왜 해?"

목소리에 짜증이 묻어납니다. 측은하다는 감정도 실려있습니다.
신문·방송언론인이 함께 한 모임에서 KBS 본부장을 지낸 선배가
역정을 부립니다.

*"사주가 같은 사람들이나 쌍둥이가 똑같은 삶을 사냐?
KBS PD가 비과학적이고 미신에 불과한 사주를 믿다니"*

쥐구멍에라도 숨고 싶습니다. 모욕감에 숨이 막힙니다.
선배는 며칠 후 신문사에 기고한 칼럼을 통해 확인 사살까지 합니다.
젊은이들이 점술에 빠진 세태를 개탄하며 나무라는 글이었습니다.

'내 사주를 본 역술가의 말을 어떻게 믿지?'

정년이 보장된 회사고, 적잖은 월급이 꼬박꼬박 나오니
퇴직 후의 인생 설계에는 별 관심을 두지 않았습니다.
나이 오십, 정년을 10년 정도 앞두고
'퇴직하면 뭘 하면서 지내지?'라는 생각이 문득 들었습니다.

외주 제작사 사장 옆구리를 찔러서 2~3년 걸식하는 것도
한 방법이지만 그러고 싶지는 않았습니다.
장강의 앞 물결은 뒷물결에 길을 내어주는 게 자연의 이치이듯
PD를 꿈꾸는 후배들에게 자리를 내어주는 게 도리라고
생각했습니다.

무당이나 역술가를 찾아가 한번 물어볼까 고민하다가
오랜 PD 생활로 몸에 밴 삐딱선이 발동됐습니다.
"그래, 내 사주는 내가 보자!"

길 위에서 길을 잃다

여러 선생에게서 사사합니다.
어렵지만 재밌습니다. 무엇보다 복수심이 불타오릅니다.
내가 틀리지 않았다는 것을 증명하고 싶습니다.
"거참, 신기하네. 4주8자, 단 8글자로 이런 것까지 알 수 있다니"

무림의 고수 냄새가 물씬한 사부 말쌈을 받들어
오행의 개수를 저울에 달아 무게를 잽니다.
신강·신약과 용신用神을 알아야 피아 식별이 가능하다는데
저울추는 원숭이 희롱하듯 아침저녁으로 달라집니다.

MBTI보다 수십 배나 많은 여러 격格 중에서 합당한 것을 찾아내고
그 이름도 거룩한 3대 고서『자평진전』,『난강망』,『적천수』를 주경야독하며
대·세운 옆에 ○△×로 길흉 표시까지 하면서 오징어게임에
빠져듭니다.

그런데 말입니다.
공부의 절대량이 늘어갈수록 사주 풀이는 점점 안 맞기 시작합니다.
종병從病이라는 주화입마에 걸려 사경을 헤매기도 합니다.
'멍청이 산Mount Stupid'을 오르다가
'절망의 골짜기Valley of Despair'에 빠진 것입니다.

색色과 공空은 둘이 아니요,
음陰과 양陽은 한자리였다

돌아가기에는 너무 멀리 와버렸는데
어디서 길을 잃었을까요?
명리산을 오르는 길은 무수히 많습니다.
이에 사주 보는 방법도 백인백색이요, 천차만별입니다.

사주명리학이 정답이 없는 현학玄學이다 보니
목소리 큰 놈이 이기는 난장이 된지 오랩니다.

그간의 여정을 되짚어봅니다.
음양陰陽에서 출발해 오행으로 신작로를 열고,
억부·통관·병약·조후·격국 용신 갈래길을 지나
선지식의 서책을 베개 삼아 풍찬노숙하며
생극제화, 형충회합의 징글징글 정글을 헤치고
보이지 않는 글자, 허자의 비포장길을 돌고 도니
다시금 원래 자리 음양陰陽이 반깁니다.

음양이 둘이 아니듯 '좋은 사주, 나쁜 사주'는 없습니다.
사주 풀이는 정답을 맞히는 것이 아니었습니다.
인생이란 지도에서, 어느 길이 나에게 맞는지 안내하는
내비게이션입니다.

PD, 명리학자가 되다

이 책은 공영방송 PD가 역술인이 되어가는 여정을
'과거의 나'가 질문하고 '지금의 나'가 답변하는
자문자답自問自答 형식으로 풀어내는 인생 서사입니다.
PD는 사실 너머의 진실을 바라보고,
사회적 약자의 목소리를 대변하는 게 본분입니다

명리학자는 우주의 원리와 계절의 변화를 읽어내
앞날이 걱정인 사람에게 위안과 희망을 주는 것이 소명입니다.
사람을 이해하고 사랑하는 일, PD와 역술가는 이란성 쌍둥입니다.

지금도 '명리산 가는 길'에는 사주 난민들이 넘칩니다.
봇짐 가득한 책들은 돌멩이마냥 무겁기만 하고
길 안내를 자청하는 선생은 많은데, 참된 스승은 보이지 않습니다.

명리학은 달달 외우면 되는 암기 공부가 아닙니다.
자연의 이치와 인간의 삶의 흐름을 깨치는 논리적 학문입니다.
사주명리학에 대해 오해와 편견을 가진 독자나
길 없는 길 위에서 방황하고 있는 도반에게
작지만 바른 길라잡이가 되고자 합니다.

눈먼 거북이, 나무 조각을 만나다

맹귀우목盲龜遇木.
선가仙家에선 불법을 만나서 진리를 알게 되는 것이
얼마나 소중한 인연인가를 일깨우는 눈먼 거북이 이야기가
있습니다.
책을 쓰기로 마음먹고도 '공부가 익으면 그때' 하면서 망설였습니다.
"당신, 그러면 죽을 때까지 못 써요. 이 공부는 끝이 없으니까"
아내의 질책이 되려 용기를 불러옵니다.
언제나 곁이 되어주는 문미희 님께 지면을 빌어 감사드립니다.

출판 제의로 기회의 장을 열어주고, 졸고를 옥고로 성형시켜 준
대학 동기 박홍주 푸른솔 출판사 대표에게도 고맙다는 말 전합니다.

이 책은 사주명리학을 통해 당신의 삶을 새롭게 바라보고,
나아갈 길을 스스로 찾아가도록 안내하는 인생의 나침반입니다.
독자분들의 격려와 질정을 바랍니다.

"과거는 지나갔습니다. 잊으세요.
미래는 오지 않았습니다. 미리 걱정하지 마세요.
지금 여기, 당신이 세상의 주인공입니다."

- 〈생로병사의 비밀〉 제작 현장에서 만난, 90이 넘은 여승의 말씀

— 2025 乙巳年
　함께 사는 세상을 꿈꾸는
　대명大明 合掌

기독교와 사주명리로 만난
40년 지기의 우정

어쩌면 이 책에 가장 먼저 회의를 가졌던 사람은 나일지 모른다.

우리는 대학 시절부터 40년 넘게 동고동락한 사이다. 그는 국민
건강 증진에 기여한 공로로 대통령상을 수상한 KBS의 유능한
PD였다.
그런 그가 명리학 공부를 시작한다고 했을 때, 나는 "똑똑한 PD가
왜 쓸데없는 공부를 하지?"라며 속으로 웃었다.
명리학에 대한 나의 편견은 확고했다. 나는 대대로 기독교를 믿어온
집안의 자손이다.

그의 제의를 받았을 때도 마찬가지였다. 아무리 친구라지만, 냉혹한
출판시장에서 친구의 의리만으로 책을 낼 수는 없다. 나는 그에게

명리학적 지식이 담긴 15개 챕터의 글을 요청했고, 그 원고를 읽는
순간, 나의 모든 편견이 무너지는 충격에 휩싸였다.

이 책은 사주를 풀이하는 책이 아니었다. 34년 진실 추적자가
벼락을 맞고 죽음의 문턱에서 되찾은 삶 그리고 그 삶에 부여된
소명에 대한 일생의 답변서였다. 나는 그 글에서 단순한 명리학적
통찰을 넘어, 고전의 오류와 상업적 술수라는 명리학계의 민낯을
비판하며 진실만을 추구하는 PD 특유의 세상 안기를 목도했다.

나는 이 책이 힘든 운명에 지치고 불확실한 미러에 절망하는 모든
이들에게 위로와 용기를 주리라 믿는다.
이 책은 당신의 운명을 예측하지 않는다. 다만, 운명과 함께
걸어가는 가장 주체적인 길을 알려줄 것이다.

— 푸른솔 발행인 박흥주 드림

차 례

사주를 읽는 단 22개의 글자

● 천간 10, 지지 12

이 22개의 글자는 단순히 기호가 아닙니다. 이들은 **우주와 인간 세상의 패턴을 읽어내는 22개의 코드**이자, 당신의 **운명을 구성하는 가장 핵심적인 설계 도면**입니다.

1. 천간(天干): 하늘의 코드(정신과 이상)

천간 10글자는 '하늘의 기운'이자, 당신의 '정신적 지향점과 삶의 태도'를 상징합니다. 목木→화火→토土→금金→수水의 순환을 통해 에너지가 탄생하고 성장하며 소멸하는 원리를 보여줍니다.

갑목(甲木) | 큰 나무

위로 뻗어가는 큰 나무의 기운이다.

강한 추진력과 독립심, 그리고 리더십을 가졌다. 목표를 세우면 끝까지 밀고 나가는 성향이 강하며, 우두머리가 되려는 기질이 있다.

을목(乙木) | 넝쿨 식물

유연하게 뻗어나가는 넝쿨이나 풀의 기운이다.

적응력이 뛰어나고 친화력이 좋다. 부드러워 보이지만 끈질긴

생명력을 가졌으며, 주변 환경을 이용해 자신의 영역을 넓혀간다.

병화(丙火) | 태양

세상을 비추는 태양의 기운이다.

밝고 긍정적이며 활발한 성격으로, 사람들에게 희망을 준다.

솔직하고 명쾌하며, 자신감이 넘쳐 주변에 사람이 모인다.

정화(丁火) | 촛불

어둠을 밝히는 촛불이나 등불의 기운이다.

따뜻하고 감성적이며 배려심이 깊다. 내면의 에너지가 강하며, 자기

분야에서 빛을 내는 전문가가 많다.

무토(戊土) | 큰 산

움직이지 않는 큰 산의 기운이다.

믿음직스럽고 신뢰를 주며, 포용력이 넓다. 책임감이 강하고 묵묵히

자신의 일을 해내는 스타일로, 안정감을 주는 인물이다.

기토(己土) | 밭, 논

생명을 키워내는 옥토의 기운이다.

부드럽고 꼼꼼하며, 현실적인 감각이 뛰어나다. 새로운 것을

받아들이는 능력이 탁월하며, 중재자의 역할도 잘 해낸다.

경금(庚金) | 바위, 원석

단단하고 거대한 바위나 원석의 기운이다.

강한 의지와 결단력을 가졌으며, 한번 마음먹은 일은 반드시 해낸다.

의리를 중시하고 추진력이 뛰어나지만, 융통성이 부족해 보일 수도

있다.

신금(辛金) | 보석

잘 다듬어진 보석의 기운이다.

깔끔하고 세련된 것을 좋아하며, 예리하고 냉철한 판단력을 가졌다.

자신만의 기준이 명확하고, 전문적인 분야에서 빛을 발하는 경우가

많다.

임수(壬水) | 바다

모든 것을 포용하는 바다의 기운이다.

겉으로 드러내지 않는 속마음이 깊고, 지혜롭다. 상황에 따라

유연하게 대처하며, 큰 그림을 보는 능력이 뛰어나다.

계수(癸水) | 빗물, 이슬

부드럽게 스며드는 이슬이나 빗물의 기운이다.

내성적이고 감성적이지만, 강한 생명력과 끈기를 가졌다. 감수성이

풍부하고 직관력이 발달했으며, 사람의 마음을 어루만지는 능력이

탁월하다.

2. 지지(地支): 땅의 코드(현실과 환경)

지지 12글자는 '땅의 기운'이자, 당신의 '현실적인 환경, 행동 양식, 그리고 시간의 흐름'을 상징합니다. 각 계절의 변화와 순환을 통해 삶의 패턴을 보여줍니다.

◆ 해(亥), 자(子), 축(丑) ▶ 겨울, 水

응축과 저장의 시간. 지혜와 본능이 극대화되는 시기

해(亥) | 돼지

겨울의 시작을 알리는 물의 기운이다.

순수하고 솔직하며, 포용력이 넓다. 재물복이 좋고, 베푸는 것을 좋아해 주변에 사람이 많이 따른다.

자(子) | 쥐

한겨울의 물 기운이다.

영리하고 지혜로우며, 상황 파악이 빠르다. 어둠 속에서 움직이는 쥐처럼 비밀스럽고 민첩한 성향을 가졌다.

축(丑) | 소

겨울의 끝과 봄의 시작을 잇는 땅의 기운이다.

묵묵히 자신의 일을 해내는 우직함과 강인함을 상징한다. 끈기가 있고 책임감이 강해 한번 시작한 일은 끝까지 해낸다.

◆ 인(寅), 묘(卯), 진(辰) ▶ 봄, 木

성장과 발산의 시간. 새로운 생명력과 추진력이 솟아나는 시기

인(寅) | 호랑이

봄의 시작을 알리는 나무의 기운이다.

용맹하고 강한 추진력을 가졌다. 리더십이 뛰어나고 독립심이 강해
자신의 영역을 넓혀가는 성향이 강하다.

묘(卯) | 토끼

봄을 상징하는 나무의 기운이다.

온화하고 사교성이 좋으며, 사람들과의 관계를 중시한다. 부드러워
보이지만 민첩하고 재빠른 기운을 가졌다.

진(辰) | 용

봄의 끝과 여름의 시작을 잇는 땅의 기운이다.

상상력이 풍부하고 스케일이 크다. 리더십이 뛰어나고 권위를
추구하며, 신비로운 매력을 가졌다.

◆ 사(巳), 오(午), 미(未) ▶ 여름, 火

확산과 분열의 시간. 열정과 적극성이 가장 강한 시기

사(巳) | 뱀

여름의 시작을 알리는 불의 기운이다.

직관력이 뛰어나고 지혜로우며, 겉으로 드러나지 않는 신중함을

가졌다. 목표를 향해 조용히 나아가는 성향이 강하다.

오(午) | 말

한여름의 불 기운이다.

활동적이고 정열적이며, 자유분방한 기질을 가졌다. 솔직하고
명랑하며, 자신의 매력을 발산하여 인기를 얻는 경우가 많다.

미(未) | 양

여름의 끝과 가을의 시작을 잇는 땅의 기운이다.

온순하고 남을 배려하는 마음이 따뜻하다. 부드러운 성향이지만
내면에는 강한 고집과 끈기를 가졌다.

◆ 신(申), 유(酉), 술(戌) ▶ 가을, 金

수확과 결실의 시간. 분석력과 결단력이 필요한 시기

신(申) | 원숭이

가을의 시작을 알리는 쇠의 기운이다.

재주가 많고 영리하며, 임기응변에 능하다. 긍정적이고 활발한
성격으로, 어떤 상황에도 잘 적응한다.

유(酉) | 닭

가을을 상징하는 쇠의 기운이다.

깔끔하고 정확한 것을 추구하며, 예리하고 분석적인 능력이
뛰어나다. 자기 주장이 뚜렷하고, 전문적인 분야에서 빛을 발한다.

술(戌) | 개

가을의 끝과 겨울의 시작을 잇는 땅의 기운이다.
의리를 중시하고 책임감이 강해 신뢰를 준다. 자기 영역에 대한
애착이 강하며, 목표를 향해 끈기 있게 나아간다.

제1부

사주는 알고 있다.
나만 모를 뿐

"가다가 죽을 거야"

전역을 앞두고 사단 대기 중인데, 한 사람이 조심스럽게 다가와 말을
건다. "혹시 ○○연대 이 병장 아닙니까?" "그렇습니다."
"제가 당시 사단 의무병이었습니다. 작년 여름, 훈련 중에……."
불편해 자리를 피하는데, 미안해하면서도 따라온다.
"꼭 전해드릴 얘기가 있습니다. 믿기지 않겠지만."
이 사람은 어떻게 나를 알아보고, 잊고 싶은 기억을 굳이
끄집어내려는 걸까?

사고 당시, 사단 의무실에서는 한 편의 소설 같은 일이 벌어졌습니다.
긴급 후송되어 온 이 상병^{당시}의 상태를 확인한 군의관들이 "양쪽 동공이
다 열렸습니다. 의학적으로 Dead입니다."라고 전달합니다.
잘라 말하면 '죽었다'입니다.

순간 소속 대대장이 권총에 총알을 장전하고, 군의관들에게 총구를 겨누며
명령합니다. "무조건 살리시오. 아끼는 전우입니다."
부하를 살려내라며 오열하는 대대장의 모습에서
'저 병사는 군 생활을 잘했구나'라는 생각이 들었습니다.

하는 수 없어 후방의 통합병원으로 보냅니다.
군의관이 의무병인 자신에게 귓속말로 전합니다.
"앰뷸런스 타고 가다가, 곧 죽을 거야."

1장

"너 벼락 맞았다"

PD

"너, 벼락 맞았다. 기억나니?"

이 무슨 귀신 씻나락 까먹는 소리입니까?

번갯불에 콩 볶아 먹는다는 그 찰나의 순간을 무슨 수로

기억합니까?

흐린 눈으로 힘겹게 올려다보니 통합병원의 간호장교였습니다.

몸을 일으키려는데, 꼼짝달싹할 수가 없습니다.

제가 숨이 끊길 때마다, 전우들이 쉴 새 없이 가슴을 내려쳤기

때문입니다.

저세상으로 가다 2박3일 만에 돌아왔습니다.

몸을 관통한 번갯불은 커다랗게 화상 흉터를 남겼습니다.

20대 청년이 뭔 죽을죄를 지었다고, 벼락이 뭡니까? 벼락이.

억울했습니다. 하늘을 원망했습니다.

신神이 옆에 있었으면 귀싸대기를 한 방 날리고 싶은
심정이었습니다.

命

자네가 신의 뜻을 어떻게 알겠나? 하여튼 벼락 맞고도 살아난
사람을 만나다니 영광인걸.

PD

놀리지 마십시오. 정말 죽다 살았습니다.

命

인명은 재천이라. 워낙 희한한 사고다 보니 궁금한 게 많네.
떠올리기 싫은 과거겠지만, 그날 도대체 무슨 일이 있었던 거야?

PD

자대 복귀한 뒤 당시 상황을 파악해 보니,
갑자기 내리는 비를 피하려, 급히 나무 밑으로 들어갔다 낙뢰를
맞았습니다. 폭우가 그친 후 인원 점검하는데, 사고 지점에는
무전기만 새까맣게 타 있고, 저는 6미터 떨어진 참호에서
발견되었습니다.
비가 많이 와서 헬기가 지원되지 않아, 전우들이 번갈아 저를
들쳐업고 1,000m가 넘는 산의 벼랑을 구르다시피 내려왔다고
합니다.

전우애는 피보다 진하다고 하지 않는가. 전우들이 생명의
은인이군.

사주명리에서는 이를 천을귀인天乙貴人[1]의 도움이 있었다고 하지.

천벌을 받고, 천운을 얻다

사고가 난 날이 늦더위가 기승을 부리던 8월 초순,
한낮이었습니다.

벙커 안에 있던 병사 중 여럿이 기절할 정도로 벼락이 엄청났다고
합니다.

번개 치던 그 당시를 사주로 한번 풀어볼까?

時柱	日柱	月柱	年柱
편재	본원	비견	편인
甲	丙	丙	丙
午	戌	申	寅
비견	편인	비견	편재

병신丙申은 하늘의 불이 땅을 내려치는 형상이니 번개요, 옆의

인목寅木과 충沖 하니 번개가 큰 나무를 내려치는 모습이군.
천간으로 태양이 세 개나 뜨고, 지지는 인오술 삼합[2]으로
불덩어리를 이루니, 천지사방이 온통 불바다일세. 당시 번개가
얼마나 강력하고 뜨거웠을까?
불火기운이 지나치게 강해지면 반대편의 물水 에너지를 불러오게
된다네. 갑자기 비가 내린 것, 이 또한 자연의 이치라네.

병화는 '빛' '불' '자각' '깨달음'을 뜻하고, 시주의 갑목은
편인偏印이니 정신세계, 초월, 지혜를 의미하네. 오화 겁재는
'외부의 충격'으로 볼 수 있어.
즉, 번개는 자네를 죽이기 위한 것이 아니라, 정신적인 각성을 통해
새롭게 태어나게 하는 하늘의 신호였어.
6미터를 날아갔는데도 죽지 않고 살았다는 건, 정말 기적이다.
자네는 천벌天罰을 받고, 천운天運을 얻은 걸세.

PD

그동안 착하게 살아왔다고 자부하는데. 왜 나에게 이런 일이
일어났을까요?

命

비 오는 날, 무전기를 잡은 자네 잘못이 크지만, 벼락을 맞고도
살아남은 게 단순히 '운이 좋아서'만은 아닐 거야.

時柱	日柱	月柱	年柱
편인	본원	정제	편관
甲	丙	辛	壬
午	寅	亥	寅
겁재	편인	편관	편인

벼락 맞은 날의 사주와 자네 사주의 글자 조합이 많이 겹치는군.

같은 병화 일간日干[3]에 연지도 인寅이고 시주도 갑오甲午로 같네.

대운[4]도 이제 막 갑인甲寅 대운이 시작됐어.

운명이 자네를 흔들어 깨운 거야. 소름 돋는군.

자네는 초겨울에 태어난 병화 일간이야.

물과 불의 에너지가 수화기제水火旣濟[5]로 조화를 이루고 있지.

이 사주에서는 갑목甲木이 가장 중요한 글자야.

물과 불이 싸우지 않도록 수생목水生木, 목생화木生火로 다리를

놓는다네.

만약 갑목이 없어지면, 물과 불이 힘자랑하느라 물불을 가리지

않게 되겠지.

사고 당시는 불 에너지가 너무 강해서 갑목이 재가 되어 버리니,

물과 불의 대충돌이 일어난 거야.

다행히 죽지 않고 살았던 것은 조상 자리에 있는 임수壬水

덕분이야. 바다가 태양의 열기를 식혀준 거지. 조상의 음덕陰德이

자네를 구했네.

인생은 우연처럼 다가오지만,
필연의 씨앗이 숨어 있다

PD

신이 벼락을 내리는데, 왜 하필 나를 선택했을까요?
하늘은 대체 나에게 무슨 말을 하고 싶었던 걸까요?

命

사주명리에서는 번개와 같은 큰 충격이나 사고가 있을 때
'지금까지의 운의 흐름을 끊고, 새 흐름이 시작된다.' '영적
감수성이 깨어나면서, 내가 왜 살아야 하는가에 대한 본질적인
질문을 던지게 된다.'라고 해석한다네.

자네는 죽음을 통과했기 때문에, 오히려 더 강한 사명을
부여받았어.

일간인 병화는 세상을 밝히고 사람의 마음을 따뜻하게 하네. 강한
편인은 머릿속 다양한 생각이 번개처럼 오가니까, 자기만의 독특한
정신세계가 있지. 창의성과 직관력도 뛰어나고.
이제는 혼자 살기 위한 삶이 아니라, 정신적인 깨달음으로 지혜를
전하고, 남을 일으키는 불꽃으로 살아야 할 걸세. **번개는 하늘의
명령**이었어.

'樂天知命 故不憂' 낙천지명 고불우

하늘의 뜻을 알고 따르는 자는 근심하지 않는다.

— 『주역周易·계사전繫辭上』

. . .

1. **천을귀인天乙貴人**: 전쟁이 나도 살아남는다는 가장 강력한 길신吉神으로,
   하늘의 은덕을 입는다는 의미. 병화 일간은 해亥와 유酉가 천을귀인이다.

2. **인오술 삼합寅午戌 三合**: 한여름의 작열하는 태양처럼, 강력한 화火 기운을
   형성한다. 천간에 병화가 있으면 작용하는 힘이 더욱 커지게 된다.

3. **일간日干**: 사주 명식에서 '나 자신'을 상징하는 가장 핵심적인 글자. 태어난
   날의 천간天干을 의미하며, 자신의 성향과 에너지를 대표한다.

4. **대운大運**: 10년마다 바뀌는 하늘과 땅의 운기

5. **수화기제水火旣濟**: 주역周易에서 유래된 용어로, 물水과 불火이라는 극단의
   에너지가 서로 침범하지 않고 완벽한 조화와 균형을 이룬 상태. 사주에서는
   가장 안정적이고 순조로운 구조를 상징한다.

2장

거울을 깨면
나를 감출 수 있을까?

TV를 보던 어머니께서 힘든 표정을 짓더니 자리에서 일어나신다.

드라마에서는 극 중 어머니가 못난 아들에게

"이놈아, 나가서 벼락 맞아 뒈져라." 저주를 퍼붓고 있다.

어머니를 찾아 나선다. 한쪽에서 눈물을 훔치고 계신다.

자식이 벼락 맞은 것이, 당신 잘못인 양 괴로워한다.

"아들아! 죽을 때까지 남에게 벼락 맞았다는 걸 얘기하지 말거라."

바라보는 나와 거울 속의 나

PD

극히 낮은 생존 확률에서 살았다는 안도감도 잠시, 왜 말도 안 되는

일이 나에게 벌어졌을까 하는 의문이 사그라지지 않습니다.

전생에 죄를 많이 지었기 때문일까 하는 자괴감이 자존감을

무너뜨리고, '나는 누구인가, 왜 살아야 하나, 어디서 와서 어디로 가는가?'라는 답 없는 질문들이 무시로 머리를 어지럽힙니다.

어느 날부터인가 **낯선 사람이 거울 속에** 있습니다.
거울을 깨버리면 이 질곡에서 벗어날 수 있을까요?

命

낙뢰 사고는 자네 사주의 일지日支 인寅과 시지時支 오午가
탕화살[1]을 격발시켜 일어난 해프닝일세.
탕화살은 뜨거운 불이나 끓는 물로 인한 재앙을 뜻한다네. **화상,
폭발, 중독 심지어 극단적인 선택**처럼 급작스럽고 위험한 사고
가능성을 경고하는 기운이지. 액땜치곤 최고로 좋은 액땜 했네.
너무 괘념치 말게나.

"……"

거울은 단순히 외모를 비추는 반사체가 아니라, 자신을 객관화해서
내면을 성찰하게 만드는 도구일세. '제 얼굴 못나서 거울만
깬다'라는 속담이 있듯, 연못에 비친 자기 모습이 싫다고 돌을
던진들 내가 사라지지는 않네.

자네는 지금 '바라보는 나'와 '거울 속의 나'를 동일시하고 있어.
다른 사람이 나를 어떻게 볼지를 지나치게 신경 쓰다 보니, 애써
태연한 척 자신을 위장하고 있지. 이 둘 사이의 괴리가 커질수록

상대적 박탈감으로 자아가 무너지게 되네. 연예인들이 공황장애에
취약한 이유도 여기에 있어.

많아도 병 적어도 병, 오행의 불균형

PD

예전에는 우울증이나 공황장애를 앓으면 정신병자로 낙인찍는
사회 분위기라 이를 감추기에 급급했습니다. 지금은 젊은이들의
왕래가 잦은 강남이나 여의도에서 정신건강의학과 의원을 쉽게 볼
수 있고, 찾는 발길도 많이 자연스러워져 다행입니다.

개그맨 이경규 씨도 10여 년째 공황장애 약을 복용 중이라네요.
"자동차로 하루에 10시간씩 달리는데 아무것도 안 보였다. 거기서
오는 불안감으로 갑자기 눈물이 나고, 계속 아프기 시작했다.
가슴이 답답하고 죽을 거 같았다."
인터뷰를 보는 이도 숨이 턱 막힐 정도로 고통이 전해옵니다.

命

명리학에 '태과불급개위질太過不及皆爲疾'이라는 말이 있다네.
너무 많아도 병이 되고, 너무 부족해도 병이 된다는 뜻이지.

목화토금수 오행 중에서 목과 화는 성장, 확산하는 양陽의
에너지이고,

금과 수는 수렴과 저장하는 음陰의 에너지야.

이경규 사주는 금수金水가 지나쳐, 한쪽으로 쏠려 있어.

오행의 균형이 무너지면 목화토금수 어느 하나도 안전치 않게

된다네.

그는 공황장애뿐 아니라 고혈압, 당뇨에 안과 질환으로 긴급

시술을 받기도 하고 관상동맥이 막혀 큰일 날 뻔도 했다지. 가히

종합병동이군.

PD

가수 김용빈도 공황장애를 7년간이나 앓았다고 합니다. 그동안

의기소침했던 그가 〈미스터트롯3〉 본선 경연에서 5등을 달리고

있을 때 사회자가 자신 있냐고 묻자, 한치의 주저도 없이

"저는 저를 믿어요"라고 답했습니다.

어떻게 이렇게나 달라질 수가 있을까요?

공황장애를 앓고 있던 〈트롯전국체전〉경자년 때와 공황장애를 극복한
〈미스터트롯3〉을사년 인터뷰가 확연한 차이를 보인다.

命

김용빈이 〈트롯 전국체전〉에 참가할 당시는 경자庚子년으로 겨울
운이었는데,

〈미스터트롯3〉 때는 을사乙巳년, 여름 운으로 바뀌었어. 계절이
변하면 사람의 운세도 달라진다네.

時柱	日柱	月柱	年柱
–	본원	식신	정관
?	丁	己	壬
?	酉	酉	申
–	편재	편재	정재

김용빈의 사주는 차갑고 어둡군. 그러면 몸도 마음도 차갑고
어두워져.
운에서 따뜻한 목화木火의 기운이 와야 필요한 에너지를 충전하게
되고, 인생도 건강도 좋아지게 되지.

김용빈이 공황장애를 겪게 된 이유는 금金의 세력이 지나치게
강해서야.
목木 운이 들어오면 강한 금이 목을 금극목金剋木하여 신경을
다치게 되네.
또 금은 알갱이와 쭉정이를 가리는, 칼 같은 냉정함이 있다네.
겉보기엔 부드럽지만, 안으로는 엄격한 성정이 스스로 힘들게 했을
걸세.

타고난 연예인 팔자, 예술성의 불꽃

PD

김용빈은 아픈 가족사와 정신적 방황을 딛고 일어서, 더더욱 많은
사랑을 받는 거 같아요. 맑고 촉촉한 음색이 기가 찹니다.

命

김용빈을 상징하는 일간 정화丁火는 나를 태워 세상을 밝히는
촛불이자, 밤하늘 길을 인도하는 별빛이요, 대중 앞에서 자신을
표현하는 예술성을 뜻하네.

지지의 신유금申酉金은 재물과 음악, 활동 무대가 되고, 유금 도화는 아름다움, 인기를 나타내지. 예술 활동을 하면 돈이 따르는, 타고난 연예인 팔자일세.

PD

가수 아이유의 사주도 정유丁酉 일주입니다.

時柱	日柱	月柱	年柱
–	본원	비견	편관
❓	丁	丁	癸
❓	酉	巳	酉
–	편재	겁재	편재

命

김용빈 사주와 많이 닮았군.
화금火金 조합이 가수가 많다네. 불로 쇠를 제련하면 맑은 소리를 내는 악기가 되지.

둘 다 정유 일주에 금 재성이 강해서 돈을 많이 벌 수 있어.
차이는 아이유가 신왕재왕身旺財旺, 일간도 강하고 재성도 강하다으로 전형적인 부자 사주라면, 김용빈은 재다신약財多身弱, 일간이 약하고 재성이 강하다이니 돈이 생겼다가 쉽게 흩어질 위험이 있다네.
주식, 부동산 단타, 코인 등은 절대 금지야. 직접 돈을 다루지 말고, 금융, 세무 전문가에게 자산을 위탁 운용하는 게 좋을 걸세.

김용빈은 〈미스터트롯3〉 진眞이 되고 나서 인기가 폭발적입니다.
스케줄이 많아지니 돈은 많이 벌겠지만, 건강을 해치지 않을까
걱정이 됩니다.

命

일간 정화는 밤에 뜬 별일세. 별빛이 멀리까지 비치기 위해서는 밤
글자인 水가 있어야 진정한 별이 되는 걸세.

지금이 임자壬子 대운이니, 고요한 물 위에 비친 별빛처럼
아름다움이 빛을 발하게 되네. 연예인에게는 관성이 팬덤이야.
이 대운에 관성이 간여지동[2]으로 들어오니 팬들이 몰려들면서 큰
힘이 되고 있군.
을사년은 을목 인성으로 이름이 나고, 사화 겁재가 일간의 든든한
뿌리가 되니 자신감이 충만해지면서 경쟁심이 불끈 솟아올랐다네.
더하여 사유 회작[3] 하니 재물이 넝쿨째 들어오는 운세야.

다만 내 몸정화이 약하기 때문에, 임자·계축 대운까지
번아웃burnout을 조심해야 할 걸세. 인기와 스케줄이 정신을
갉아먹을 수 있으니 **'내면의 체력'**을 길러야 하네. 결혼도 연상의
여성이나 스폰서형 여성과의 인연이 좋겠군.

40대 중반에 맞는 갑인·을묘 대운이 인생의 최절정기가 될 거야.
정화는 나무木가 있어야 활활 타오를 수 있네. 부족했던 목 기운이

20년간 지속되니, 신경계가 회복되면서 정신적인 안정을 이루고,
타고난 예술성과 감정선에 깊이와 울림이 더해지는 운이 되네.

PD

우리네 인생은 내리막이 있으면 오르막도 있으니, 그나마 살맛이
납니다.

命

김용빈이 아직은 운運을 제대로 받아먹지를 못했는데도, 극도의
공포와 고통을 이겨냈다는 게 기특해. 병오丙午년에는 인기가
하늘을 찌르겠군.

겨울이 추울수록 봄은 멀지 않고, 밤이 깊을수록 새벽은 빨리 오는
법이라네.

"큰 고통은 정신의 마지막 해방자다."
— 프리드리히 니체 철학자

• • •

1. **탕화살湯火殺**: 사주 지지에 인寅, 오午, 축丑 글자가 함께 있거나 운에서
   해당 글자를 만날 때 그 기운이 발동한다, 좋게 발현되면 뛰어난 직관력이나
   예술적 감수성으로 나타나 어떤 분야에서든 강력한 추진력과 집중력을
   발휘하게 만든다.

2. **간여지동干與支同**: 천간과 지지가 같은 오행으로 구성된 구조를 의미한다.
   해당 오행의 기운이 강해지는 특징이 있다.

3. **사유巳酉 회작**: 사유 반합에 따른 운동으로 유형의 생산물을 만든다. 화火
   일간은 사유축巳酉丑 금金이 많은 재물이다.

3장

"운명은 정말
정해져 있나요?"

PD

사람 팔자는 정말 바꿀 수 없는 겁니까?

命

깜짝이야. 깜빡이도 켜지 않고 훅 들어오네.
인종 국적 불문하고 남녀노소 할 것 없이 가장 궁금한 질문이기는
하지.

PD

소위 '힘깨나 쓰는' 사람들은 제 잘난 맛에 사니 사주에 마음을
두지 않습니다.
현실에 지치고 미래가 불안한 사람들이 사주에 관심을 가지지만,
오늘 같은 내일이 이어지리란 두려움에 희망을 잃어갑니다.
운명이 정해져 있다면 노력해도 소용없지 않겠습니까?
운명이란 게 없다면 사주를 볼 이유가 없겠고요?

사주명리학의 근간을 꿰뚫는 질문을 그리 쉽게 하는가?
답변을 하기 전에 내가 하나 물어봄세.
자네가 프로그램을 만들 때 어떤 과정을 거치는지 알려주게나.

PD

일단 PD는 '남들이 갔던 길은 가지 않는다'는 불문율이 있습니다.
어떤 아이템을 하느냐에 성패의 반은 결정되지요.
아이템 선정에서부터 기획, 구성, 촬영, 편집까지 과정 하나하나가
정해진 길은 없어요. 선택의 연속입니다.
프로그램을 만드는 것은 한마디로 백지에 그림을 그리는 겁니다.

命

프로그램 제작과정이나 우리네 인생살이나 매한가지일세.
프로그램과 아이템은 사주팔자 즉, 명命이고
제작과정과 방송까지는 시시각각 변하는 운運이라고 할 수 있네.
이를 합친 게 운명運命인 게고.
프로그램의 완성도가 담당 PD의 순간순간 결정에 좌우되듯
사주 주인공의 의지와 선택에 따라 운명은 달라지는 걸세.

맹렬하게 울던 매미의 울부짖음이 잦아들었군.
귀뚜라미 울음이 그 자리를 대신하겠지.

끝모르던 더위도 한풀 꺾였네요. 자연의 흐름은 어김없습니다.
지금의 실패와 좌절을 견디면, 새로운 도전과 꿈을 찾을 수 있다는
말씀으로 들립니다.

실패에서 배운 혁신

미혼모의 아들, 입양, 마약, 대학 중퇴, 자기 회사에서 해고.
이 정도 이력이면 실패한 인생이라고 할 수 있겠지.
그러나 그는 거기서 멈추지 않았어.
눈치챘겠지만 '혁신의 아이콘'인 스티브 잡스 이야기야.

時柱	日柱	月柱	年柱
식신	본원	식신	정인
戊	丙	戊	乙
戌	辰	寅	未
식신	식신	편인	상관

목화토木火土로만 이루어지고 금수金水가 아예 없네.
주인공인 병화 태양이 질 줄 모르고, 쉴 없이 앞만 보고 달리는군.
편인과 식신 조합이니, 기발한 아이디어로 새로운 걸 창조하는
능력이 빼어나네.

한쪽으로 치우친 사주는 하는 일에 있어서는 강력한 파괴력을
가지지만 건강에는 문제를 일으키게 되네, 사주도 인생도 결국은
음양陰陽일세.
과도한 식상이 혁신을 이끌었지만 내면은 공허했을 터.
그가 선禪[1]에 심취한 것도 명命에 굴복하지 않으려는 의지의
발로였어.

"주위의 기대, 자존심, 실패에 대한 두려움.
이런 것들은 죽음 앞에선 아무것도 아닙니다.
당신에게 주어진 시간은 제한돼 있어요.
다른 누군가의 삶을 대신 사느라 자기 인생을 낭비하지 말아야죠.
당신이 정말 뭘 하고 싶은지 당신 마음은 이미 알고 있습니다.
현실에 안주하지 마세요.
항상 갈망하고 우직하게 도전하세요."
스티브 잡스가 어느 대학교 졸업식에서 한 말이네.

숙명과 자유의지

PD

'운명은 정해져 있지 않다. 도전이 운명을 바꾼다'라는 메시지로
읽힙니다.
양자역학[2]이 광풍을 일으키면서 운명은 결정되어 있다는 인식에
변화가 생겼습니다.

숙명과 자유의지의 한판 승부. 누가 이깁니까?

命

고전물리학에서는 뉴턴의 운동법칙처럼 '모든 것은 예측
가능하다'는 입장이었네. 이는 운명은 정해져 있다는 숙명론과
닿아있지.
현대 물리학의 핵심인 양자역학은 다르게 말하고 있어. 대표
실험인 이중 슬릿 실험에 따르면 입자는 관찰 여부에 따라 파동이
되기도 하고 입자가 되기도 한다네. 즉, 관찰자의 의식이 현실을
바꿀 수 있다는 거야.

사주명리학 또한 이와 유사하네. 사주라는 정해진 틀이 있지만,
우리의 관찰과 선택에 따라 현실의 모습이 달라질 수 있다네.
같은 사주를 가진 두 사람이 있어. 한 사람은 "나는 안 되는
팔자야"라며 지레 포기하지만, 다른 사람은 "나 혼자라도 해낼 수
있어"라는 의지로 종내 성공에 이르지.
운명의 노예가 되면 숙명이 이기고, 운명의 주인이 되면
자유의지가 이기는 게임이 바로 인생일세.

준비된 자에게 월계관을

PD

제가 지역방송국장으로 있을 때 계약직으로 일하던 아나운서가

있었습니다. 본사 신입사원 시험을 쳐보라고 권유했지만 자신 없어
했습니다. 이미 두 번의 도전에서 좌절을 맛봤답니다.

"비정규직 신세로 지역을 전전하기에는 자네 재주가 아까워.
된다고 자신해도 어려운 게 현실이지만, 안 된다고 생각하면
그걸로 끝이야. **'꿈은 이루어지는 게 아니고, 꾸는 순간 이미
이루어져 있다네.'** 다시 준비하시게"

3년이 지나고, 본사 아나운서 시험에 합격했다는 반가운 소식이
전해졌습니다.
지금은 모든 아나운서가 꿈꾸는 자리인 〈아침마당〉 MC가 되어
수많은 시청자의 아침을 열고 있습니다.

命

하하, 개천에서 용 났군.

時柱	日柱	月柱	年柱
정관	본원	정인	편인
戊	癸	庚	辛
午	亥	子	未
편재	겁재	비견	편관

한겨울 계해癸亥 일주에 금생수金生水까지 하니 천지가 꽁꽁
얼 뻔했는데, 태어난 시간이 이 사주를 살렸어. 태어난 시간
무오戊午가 물이 범람하지 않도록 댐을 이루고, 대지에 온기를
불어넣는다네.

계수는 졸졸 흐르는 물이니 유연하고 지혜로워. 아래로 스며드니
시청자의 감성을 어루만지는 데는 탁월하지.

아나운서는 말하는 게 본업인데, 사주에는 말재주를 뜻하는 식상이
보이지 않습니다.

일간이 계수인 사람은 일단 말을 잘해.
식상인 인묘寅卯 목木이 없다는 지적은 자칫 반풍수 소리 듣기
십상일세. '해亥'와 '미未'가 만나면[3] 목이라는 기운이 생겨난다네.
사주 공부가 어려운 이유야.

정유丁酉 대운 임인壬寅 년에, 입사에 성공했군.
정유 대운은 계절이 가을이니 사실 좋은 운은 아닐세. 실패와
좌절이 이어졌지만, 이 친구는 경험과 실력을 쌓으며 때를 기다릴
줄 알았다네.
마침내 임인년이 되자, 새로운 경제활동인 인목寅木이 방송을
뜻하는 오화午火와 인오寅午로 운동하면서 허자虛字[4]로
술토戌土 관官, 직장을 얻게 되니, '축하합니다! 합격.'

사주는 '확정된 미래'가 아니었군요.

命

그렇다네. 준비된 사람만이 운명의 주인이 될 수 있지.
사주는 '지도'일 뿐, 어느 길로 나아갈지는 각자의 몫이요
선택일세.
그리고 그 선택은 때로 양자역학의 관찰자처럼, 우리의 삶을
근본적으로 변화시키는 힘을 가져.

그런데 자네가 그 후배에게 해준 "꿈은 꾸는 순간, 이미 이루어져
있다."라는 말, 아주 인상적이네. 꿈은 미래에 이루어지는 것
아닌가? 자네는 그 말을 왜 현재형으로 썼지?

PD

저는 마음이 곧 현실이 된다고 믿어왔습니다. 시간은 미래로
흐르는 게 아니라, 현재라는 점點에서 과거와 미래가 만난다고
생각합니다.
꿈을 '미래의 어떤 결과'로만 생각하면, 현재의 불안감과 좌절에
갇히기 쉽지요. '꿈을 꾸는 순간'의 긍정적인 에너지가 가능성을
현실로 만들 겁니다.

命

으음, 상상과 믿음이 행동으로 이어지고 결과를 가져온다는
말이지? 오늘은 내가 자네에게 한 수 배웠네. 그려. 내가 밥 살게.
뭐 드실래?

PD

뭐가 좋을까요? 命께서 결정하시죠.

命

오늘따라 먹고 싶은 게 많군. 뭘 먹을까?
산다는 건 늘 선택의 연속이야. 아무렴.

"Connecting the dots"
점은 나중에야 이어진다. 인생은 선택에 따라 길이 달라진다.
— 스티브 잡스

∙ ∙ ∙

1. **선禪**: 불교 수행 방법의 하나로, 명상을 통해 자아를 깨닫고 궁극적인 진리를
   탐구하는 가르침.

2. **양자역학量子力學**: 현대 물리학의 핵심 이론. 관찰자의 의식이 미립자에
   영향을 주듯, 운명도 정해진 숙명이 아닌 '관찰과 의지에 따른 확률'임을
   뒷받침하는 증거.

3. **해묘미 삼합亥卯未 三合**: 십이지지 중 해亥, 묘卯, 미未가 모여 목木의 기운을
   형성하는 강력한 조합으로, 성장과 발전, 대인관계, 전문성 향상 등 긍정적인

변화를 가져온다.

4. 허자虛字: 사주팔자 여덟 글자에 드러나지 않은 음의 영역 보이지 않는 글자. 합승이나 충沖의 이치로 운명의 현실에 끌려나와 사건을 만들거나, 개인의 잠재된 능력과 운명의 숨은 코드를 읽는 열쇠를 의미한다.

4장

"신점과 사주는
어떻게 다른가요?"

샤머니즘 전성시대

예능 프로그램에 무속이 단골 소재가 되고, 유튜브 점사 콘텐츠가
비 온 뒤 죽순 돋아나듯 넘쳐나며, 온라인 점술 장사도 초고속
호황이다.

미래가 불안한 젊은 세대에게는 무당에게 보는 신점이 어느새
'스낵 컬처'가 됐다.

하물며 대통령이 되고자 하는 사람이 손바닥에 '왕王'자를
부적처럼 쓰고, 무슨 스님 법사 도인이니 하는 파리떼까지 꼬이는
현실은 우리가 샤머니즘 전성시대에 살고 있음을 보여준다.

서양 과학은 증명된 것만 믿는다

PD

무속을 홍보하는 무리가 덩달아 사주를 짬짜면 취급하여 도매금으로
넘깁니다.
사주명리학은 왜 '비과학적이다, 미신이다.'라는 오명에서
벗어나지 못할까요?

命

서양 과학의 잣대로 보았을 때, 실험으로 증명할 수 없으니 과학이
아니고, 따라서 미신이라는 논리지. 그러나 '비과학'이라는 말이
곧 '틀렸다'라는 뜻은 아니야. 아직 현대 과학의 틀로 검증되지
않았을 뿐이라네.
먹물 좀 먹었다는 부류까지 동양철학의 기본도 모르면서 '감 놔라
배 놔라.' 누구를 가르치려 드는 모습을 보노라면 측은하다는
생각도 들어.

PD

命께서 심기가 좀 불편하신가 봅니다. 언어 선택이
아슬아슬합니다.

命

서양의 과학은 눈에 보이는 것, 실험으로 증명된 것만 진리로
인정한다네.

뉴턴이 만유인력을 발견했을 때도 처음엔 사람들이 쉽게 믿지
않았어.
"사과가 떨어지는 건 당연하지. 거기에 무슨 힘이 작용해?"
뉴턴이 수학적 계산과 실험으로 중력을 입증하자, 그제야 사람들은
눈에 보이지 않던 힘의 존재를 받아들였지.

사람들은 병病을 귀신이나 저주 탓으로 돌렸다네. 현미경이
발명되기 전까지는. **눈에 보이는 게 전부는 아니야.**

PD

세계적인 물리학자 스티븐 호킹은 "양자역학이 지금까지 이룬
성과는 사실 동양철학의 기본 개념을 과학적으로 증명한 것에
불과하다."라고 말했습니다.

命

그렇지. 동양철학이 오래전부터 직관으로 말해온 우주관을 뒤늦게
확인한 셈일세. 다만, 스티븐 호킹의 주장이 과학계의 주류 입장은
아니야. 양의洋醫가 한의韓醫를 인정하지 않는 것처럼.

동양철학과 명리학은 애초부터 보이지 않는 세계를 전제로 했네.
오행五行, 음양陰陽, 기氣의 흐름은 눈으로 볼 수 없지만,
인생의 패턴 속에서 감지가 된다네. 『주역·계사전』에
'一陰一陽之謂道일음일양지위도'라는 구절이 있어.
한 번은 陰음, 한 번은 陽양이 번갈아 나타나는 현상을

‘道 우주적 진리’라 한다는 의미일세.

세상은 고정된 실체가 아니야. 낮과 밤이 바뀌고, 계절이 돌고,
인생이 오르내리는 것 모두 음양의 변화 속에 있다네.
산이 높다는 것은 골짜기가 낮기 때문이고, 빛이 밝다는 건 어둠이
있기 때문이지. 모든 것은 혼자 존재하지 않아. 서로의 관계
속에서만 드러나게 돼.

과학은 보이는 것을 증명하지만, 철학은 보이지 않는 것을
읽어낸다네.
언젠가 과학이 더 발전한다면, 사주명리학이 담고 있는 원리 또한
새로운 방식으로 설명될 날이 올지도 모르지.

“정말 제가 무당 팔자인가요?”

PD

눈앞의 안개가 걷히는 느낌이 듭니다.
사주의 ‘비과학적, 미신’ 논란은 이제 종지부를 찍을 수
있겠습니다만, 껌딱지처럼 따라오는 또 다른 편견이 ‘신점과
사주는 한통속이지?’입니다.

제가 점집을 취재했을 때 놀랐던 기억이 있는데요. 의뢰인이
별다른 정보를 주지 않았는데도, 무당은 과거 일을 족집게처럼

맞췄습니다. 신기하기도 하고 섬뜩한 기분마저 들었습니다.

命

얼마 전 사업하는 내 친구도 점집을 다녀왔다더군. 음, 믿는
도끼였는데.
무당은 자기 능력으로 아는 게 아닐세. '신끼神氣와 촉觸'이지.
무속신앙에서는 무당을 신과 인간을 연결하는 매개체로 봐.
신내림을 통해 특정 신을 모시게 되고, 치성이나 굿을 통해
접신接神/강신降神 상태가 되면 무당은 상담자의 과거, 가족 관계,
숨겨진 비밀들까지 모두 꿰뚫어 볼 수 있는 능력이 생기게 된다네.
무당은 신이 보여주거나 알려주는 정보를 전달하는 '신의
대변인'이라고 할 수 있어.

반면 사주명리학은 신점神占과는 전혀 달라.
사주는 신이나 영적 존재의 계시를 받는 것이 아니라,
생년월일시라는 바코드를 기반으로, 음양오행의 순환 원리라는
논리적인 틀 안에서 삶의 흐름을 읽어내는 이치理致의 학문일세.

사람은 누구나 불확실한 미래 앞에서 두려움을 느끼지. 신점과
사주는 둘 다 의뢰인의 불안을 해소하고, 길을 찾게 해준다는 점은
닮았어.
그러나 신점은 신령의 메시지를 전달하는 형식이기 때문에,
무속인의 영적 감각에 크게 의존할 수밖에 없다네. 반면 사주는
개인의 '촉이나 감感'이 아니라, 누구나 같은 데이터와 원리를

적용하면 유사한 결론에 도달할 수 있는 구조적이고 체계적인
학문이라네.

PD

젊은 친구들이 운세나 궁합 등이 궁금하여 점집을 찾아갔는데
'무당이 될 팔자다.' '신내림을 받아야 집안이 안정된다.'라는 말을
듣고 불안해합니다.

命

육체적, 정신적으로 힘든 내담자에게 무턱대고 '당신은 신병神病을
앓고 있는 거다. 무당 팔자다.'라고 대못을 박는 무당은 믿고
걸러야 하네. 일부 역술인도 돈에 눈이 멀어 이런 구업口業을 쌓지.

PD

그런데 무당이 될 팔자가 별도로 있긴 있습니까?

命

'신내림 팔자'란 소리를 듣고, 걱정이 태산인 아가씨 사례를 한번
볼까?

時柱	日柱	月柱	年柱
편재	본원	비견	편인
甲	庚	庚	戊
申	戌	申	寅
비견	편인	비견	편재

신월 경금 일간으로 자기 계절에 태어났고, 금의 기운이 지나치게
강해서 외강내강外强內强이군. 여기에 경술 괴강[1] 일주이니
주체적이고 자신만만하며 지기 싫어하는 성격의 소유자일세.

강한 숙살肅殺[2]의 기운으로 상대방의 말이나 행동에 태클을 걸고
고치려 든다네. 인간관계에 문제가 생기면서 혼자 겉돌게 되고,
외부로의 총질을 결국 내부로 돌리게 되면서 자신을 학대하기
시작하지.
'금이 강하고 목이 약한' 구조는 신경계가 과도하게 긴장하게 되니
불안, 우울, 두통, 집중력 저하, 번아웃이 올 수 있어.

PD

병원을 방문해서 의사의 진단과 처방을 따르는 게
현명하겠습니다만, 사주 상으로 보완할 수 있는 어떤 방책이
있을까요?

命

많은 학인이 '금金이 강하니 화火로 녹이자'라는 생각을 먼저 할
거야. 이는 힘으로 막겠다는 하책으로 일시적인 효과만 있다네.
강한 에너지는 흐르도록 하는 게 상책이야. 자연의 이치지.

수水 기운을 보완해 주면 강한 금金의 힘을 덜면서, 목木에게
힘을 더할 수 있다네. 수 식상食傷[3]이니 예술이나 창작 활동으로
승화시키면 마음을 다스리는 데 도움이 될 거야. 일상생활에서는

명상과 독서, 차분한 음악 감상 그리고 햇빛을 갖으며 숲길을
산책하는 게 좋아.

의지와 선택으로 피어나는 꽃

PD

걸그룹 출신 연예인이 팀원과의 불화 이후 극단적인 시도까지
하는 등 불안정한 정신 상태를 보여 안타까움을 더했습니다. 본인
말로는 외할머니의 어머니, 외할머니 그리고 엄마까지 소위 '무당
사주'였다고 합니다.

時柱	日柱	月柱	年柱
겁재	본원	편관	편인
甲	乙	辛	癸
申	巳	酉	酉
정관	상관	편관	편관

命

어이쿠, 직장 생활도 힘들고, 남자도 나를 힘들게만 하는 도둑놈들
소굴이군.
앞의 여성은 힘이 넘쳐서 문제였는데, 이 연예인은 힘이 너무
달려서 문제일세.
뿌리 없는 을목 일간이 날카로운 금들에 둘러싸여 언제 잘려
나갈지 위태위태하군. 왕한 관살官殺[4]로 인해, 지나치게 예민하고

잔병치레가 잦을 수밖에 없네.

무당 사주의 여러 특징 중에 일간이 태약太弱하고, 관살이 왕한
구조가 많다네. 그러면 정신적으로 피폐해지고 몸이 아플 수밖에
없어. 이를 신병으로 예단하고 신내림을 권유받게 되지. 하지만
사주는 운명에 대한 하나의 힌트를 줄 뿐, 그 기운을 어떻게
활용할지는 개인의 의지와 선택에 달렸다네.

PD

연예 활동을 접고 직장 생활을 시작했습니다. 본인이 그토록
기뻐했지만 머잖아 그만두더군요.

命

직장 생활을 할수록 관살이 귀살鬼殺로 작용하니 적응하기가 쉽지
않았을 거야.
사화巳火 상관이 생명줄이야. 상관은 '꽃보다 아름답고, 별보다
빛나는' 예술적 재능일세. 직장 생활보다는 문화예술, 방송 연예 등
화려하고 자유로운 일이 좋다네.

다만, 36살부터 을축乙丑 대운이 오면, 사유축 삼합으로 관살의
기운이 더욱 강해져 육체적, 정신적 압박이 커질 수 있네.
화극금火剋金 하는 사화 상관, 타고난 재능을 적극적으로 활용하여
삶의 주도권을 굳건히 잡아야 할 중요한 시기가 될 거야.

"눈으로 보려 하지 마라. 이해하는 것으로 충분하다."

— 리처드 바크 소설가, 『갈매기의 꿈』 저자

. . .

1. **괴강魁罡**: '우두머리' 또는 '가장 강력한 힘'을 상징하는 신살神殺로,
   북두칠성의 첫 번째 별을 의미한다. 총명하고 진취적이며, 자기주장이 강하고
   카리스마가 있다.

2. **숙살肅殺**: '가을의 쌀쌀한 기운' 또는 '죽이는 기운'을 의미하며, 만물의
   성장과 정리를 상징하는 자연의 이치이다.

3. **식상食傷**: 식신食神과 상관傷官을 합쳐 부르는 용어로, 표현력, 창의성,
   실천력을 담당하는 기운을 의미한다.

4. **관살官殺**: 개인의 사회적 역할, 통제, 책임, 대인관계, 직업적 위치를
   상징하는 중요한 요소이다. 관살이 많으면 인간관계나 직장, 배우자와의
   관계에서 복잡함, 갈등, 스트레스가 동반될 수 있다.

5장

"사주가 같은데
왜 다른 삶을 살까요?"

같은 날, 다른 길

PD

사람들이 사주를 얘기할 때, 꼭 물어보는 질문이 있습니다.
"쌍둥이는 같은 인생을 살아야 하지 않나요?" "같은 날 같은
시각에 태어난 사람이 전혀 다른 길을 걸어가는데, 사주가
무의미한 거 아닙니까?"

命

그 질문이 왜 안 나오나 싶었다.
사주는 큰 뼈대만 보여줄 뿐, 인생의 세세한 부분까지는 정해놓지
않았다네.
같은 씨앗이라도, 어떤 흙에서 자라는지, 햇빛과 물 공급을 얼마나
잘 받는지에 따라 전혀 다른 꽃을 피우듯이, 같은 사주를 가진
사람이라도 **환경, 만남, 선택**에 따라 삶은 달라지는 걸세.

時柱	日柱	月柱	年柱
편인	본원	정재	정재
丙	戊	癸	癸
辰	寅	亥	卯
비견	편관	편재	정관

1960년대 겨울에 태어난 여성이네. 자네도 아는 사람이지?

PD

어릴 때부터 전통 악기를 배워 국악을 전공하고, 국악단 연주자를 거쳐 지금도 후학 양성에 힘쓰고 있는 음악인입니다.
년지 묘목卯木이 줄絃이고 손재주이니, 현악기와 연을 맺은 걸로 보입니다.
그런데 왜 이 사주를 가져왔나요?

命

위와 똑같은 사주의 다른 여성은 술집을 운영하며 밤마다 술과 손님을 상대하는 삶을 살았다네. 겨울철 강한 수 기운을 그대로 따라간 게야.

수水는 술이요 밤이며, 해묘亥卯 반합半合[1]은 술과 돈에 얽힌 남자들이네. 손님이 물처럼 흘러들었다가 흘러 나가는 형상이니 유흥업이 되겠지.
화火는 불빛, 흥분이고, 진토辰土는 물 창고인데 돈과 남자가 들어

있으니 술집이 될 거고. 수 재성財星을 도화 끼 남자들이 둘러싸니,
일부종사一夫從事도 하지 못하고 굴곡진 삶을 살았다네.

사주가 같은데, 삶이 이토록 극명하게 차이 날 수도 있군요.

같은 사주를 가졌지만, 한 사람은 강하고 익숙한 기운에 끌려간
거고, 다른 사람은 문화예술계에 종사하면서 부족한 화火 기운을
보충하고, 밝은 조명이 비추는 무대에서 예술로 꽃피웠다네.

쌍둥이의 운명, 신내림의 길과 학문의 길

같은 악보라도 누가 연주하느냐에 따라 음악은 달라진다는
의미군요.
쌍둥이의 경우는 삶이 차이 나는 이유가 뭘까요?

먼저 쌍둥이로 태어나도, **자라나는 환경의 차이**에 따라 그 사람의
인생이 얼마나 달라지는지 살펴보세.
지난 2014년에 〈추적 60분〉 '운명의 바코드 750105'라는
프로그램이 있었네.

쌍둥이를 낳은 부모는 키울 형편이 되지 못해, 갓 태어난 큰딸을
미국으로 입양 보내게 되고, 40년이라는 시간이 흐른 뒤 다시
만나게 된 사연일세.

時柱	日柱	月柱	年柱
편인	본원	편재	식신
庚	壬	丙	甲
子	子	子	寅
겁재	겁재	겁재	식신

한겨울 임수 일간이 물이 넘쳐나니 차갑고 어둡군. 사주가
이러하면, 몸도 마음도 인생도 차갑고 어두울 수밖에 없어.

쌍둥이 동생은 무속인이네.
원인을 알 수 없는 병을 7년간 앓으면서, 30살에 결국 신내림을
받았다지.
많은 물을 제방으로 막아줘야 하니 무토戊土가 꼭 필요한데,
토 오행의 전통 종교를 업으로 삼은 건 어쩔 수 없는 선택이자 잘한
일일세.

쌍둥이 언니는 미국에서 대학교수더군.
입양 가정이 할아버지부터 자식들까지 의사 집안이니, 부족함 없이
자랐겠지.
양부모는 딸이 의사가 되기를 원했으나 금수金水 기운인 의사의
길을 가지 않고 심리학을 전공했다네. 이 또한 토 기운이야.

PD

두 사람 모두 '사주에서 꼭 필요한 기운을 보완할 수 있는 직업'을
알게 모르게 따라갔다는 게 오묘합니다.

命

언니는 결혼도 운을 좋게 하는 데 도움이 됐을 거야.
임수 일간은 토가 남편이니 많은 물을 조절해 주는 꼭 있어야 할
존재이지.
언니는 결혼해서 행복한 가정을 꾸렸지만, 동생은 배우자가 없어.
사실 결혼하기가 쉽지 않은 팔자일세. 물이 넘쳐나 토가 와도
휩쓸려 가 버리게 되거든.

물이 지나치게 넘치거나, 아주 부족한 사주팔자는 물을 건너가는
해외 생활도 '나쁜 사주'를 좋게 만드는 방법의 하나라네.
젖먹이 때 해외로 입양되었다는 건 가슴 아픈 일이지만, 쌍둥이
언니에게는 전화위복의 기회가 되었을 거야.

아무것도 하지 않으면, 아무 일도 일어나지 않는다

PD

위 쌍둥이 사례는 다른 부모에게서 자랐지만, 같은 부모
밑에서 성장해도 선택에 따라 각자의 삶이 다를 수밖에 없다고
봐야겠군요?

命

그렇다네. 성장기의 주위 여건이나 배우자와 직업 선택 그리고
자유의지까지 더하면 운명은 달라지는 게 당연한 걸세.
쌍둥이는 태어난 순간의 작은 차이로 형언니과 동생으로 갈리는데,
명리학에서는 태어난 시간을 2시간 단위로 나누니, 대부분
쌍둥이는 사주가 같을 수밖에 없어.
따라서 쌍둥이 사주를 보는 관법觀法은 십인십색이며, 지금도
여전히 역술계의 숙제로 남아있다네.

PD

命께서는 쌍둥이 사주를 어떤 관법으로 보시나요?

命

형언니의 경우는 태어난 시간을 그대로 적용하고, 동생은 그다음
간지로 본다네. 형언니이 갑오甲午시면 동생은 을미乙未시가 되겠지.
현재까지 많은 술사가 따르는 하나의 관법일세.

명리학의 대가인 도계 박재완 선생은 사주가 같아도 인생이
달라지는 이유를 **환혼동각**幻魂動覺 네 가지 요소로 설명했다네.

1. 환幻: 태어난 주체가 인간인지, 동물인지 등 생명의 형태를
   의미하며, 인간으로 태어났다는 사실 자체가 운명에 영향을
   준다.
2. 혼魂: 집안의 내력, 조상의 음덕, 유전적 배경 등 가족적·유전적

요인

3. 동動: 태어난 시대와 지역, 즉 사회적·지리적 환경
4. 각覺: 개인의 깨달음, 의지, 행동 등 스스로의 노력과 선택

네 가지 중 '환', '혼', '동'은 이미 주어진 것이니 바꿀 수 없지만,
'각'은 개인의 몫이므로 노력과 의지가 운명을 극복할 수 있다는
점을 강조한다네.
운명은 정해진 것이 아니라, 스스로 개척할 수 있다는 긍정적인
메시지를 담고 있지.

사주는 살아있는 가능성이 될 수도 있고, 죽어있는 글자가 되기도
하네.
아무것도 하지 않으면 아무 일도 일어나지 않지만, 준비된
사람에게는 인생의 2막이 열리는 법일세.

"내가 생명과 사망과 복과 저주를 네 앞에 두었은즉 너와 네
자손이 살기 위하여 생명을 택하고"
— 『구약성경』 「신명기」 30:19

• • •

1. **반합**半合: 두 개의 지지地支가 만나 부분적으로 오행의 기운이 형성되는
   구조를 의미한다. 삼합三合이 세 지지가 모여 강한 오행의 기운을 만드는 것과
   달리, 반합은 삼합 중 한 글자가 빠져 두 글자만 있을 대 해당 오행의 기운이
   부분적으로 작용한다.

6장

죽음이 삶에게
보내는 편지

PD

이번 주제는 제가 생로병사의 비밀에서 만든 '죽음' 관련 프로그램
제목과 같군요.

당시 데스크는 "죽음은 너무 어둡고 무겁다."라며 극구 반대했는데
"죽음은 곧 삶이야." 일갈하고 밀어붙였던 기억이 납니다.

연명치료의 문제점과 존엄한 죽음에 대해 함께 생각해 보는
시간을 갖고 싶었습니다.

죽음은 예측하는 것이 아니다

命

사주를 통해서 건강이나 수명을 논할 때 통상적으로 보는 방법이
있네.

신약한 일간이 자신의 유일한 뿌리인 록祿[1]을 다칠 때,

내 몸인 일지[2]가 깨질 때,

나의 활동력이자, 관성의 극으로부터 나를 보호하는 식상이 상할
경우,

일간의 원류인 인성이나 나의 밥인 재성에 문제가 발생하는 운,

태왕한 관살의 극에 그대로 노출될 때,

사주에서 가장 중요한 글자가 극을 받거나 합거合去되어 사라지는
경우 등을 들 수 있지.

위에 열거한 사항들이 2~3개 겹쳐서 일어나는 운에는 건강에
특히 유의해야 한다네.

PD

제 어머니께서는 85세가 될 무렵 많이 편찮으셨습니다. 뒤에
어머니 말씀을 듣고 놀랐습니다. 젊은 시절, 한 역술가가
"장수하겠네. 85살에 죽어."라고 말했답니다. 당시엔 오래 산다니
기분이 좋으셨다는데, 100세 시대가 될 줄 누가 알았겠어요? 믿지
않으려고 아무리 애를 써도, '죽을 때가 다 됐다.'라는 생각이 몸과
마음을 힘들게 했답니다.

命

상담할 때 "언제 죽는지 알 수 있겠나?" "저는 몇 살까지 살아요?"
물음을 심심찮게 듣게 되네.
그런데 명리학은 죽음을 예언하는 학문이 아냐. 그리고 사주의

조각을 모아 알려고 해도 현대의학이 엉터리 술사로 만들어 버리지.
사주에서 나타나는 '위험한 운'은 목숨이 끊어지는 날을 말하는 게
아니라, 몸과 마음이 크게 흔들리기 쉬운 시기로 보는 게 맞아.
질병, 사고, 관계의 단절 같은 변화를 뜻하네.

PD

'도사道士'병에 걸리면 약이 없다죠?

命

헐, 사실 나도 '적중'시키겠다는 욕심에 눈이 먼 적이 있다네.
암 투병 중이신 지인 어머니의 죽음의 시기를 예측했다가
시원하게 틀렸지. 부끄러웠네. 말로 죄를 지으면 다음 생에
짐승으로 태어난다는데.

時柱	日柱	月柱	年柱
상관	본원	비견	편관
丁	甲	甲	庚
卯	申	申	辰
겁재	편관	편관	편재

지인의 어머니 명식이야.
이 사주에서 가장 중요한 글자는 시간의 정화 상관이네. 왕한 금을
제하는 약신藥神[3]이자 수명성壽命星[4]이지.

금金과 목木이 서로 싸우는 형국일세.

경금은 대장이요, 을·묘목은 간을 나타내지. 간암으로 투병
중이셨는데 간은 대장과 관련이 깊네.
대장은 소화의 마지막 단계에서 영양소를 흡수하고, 노폐물을
배출하는 역할을 담당하고 있으며, 이 과정에서 생성된 독소들은
간을 통해 해독되지.
따라서 대장에 문제가 생기면 간에도 부정적인 영향을 미칠
가능성이 높아.

을해乙亥 대운은 건강이 위험할 거라는 징조를 미리 알려준다네.
천간으로는 을경합乙庚合이 일어나는데, 을년이나 경년이 오면
을목과 경금이 합해서 사라지게 돼. 경금은 일지에서 올라온
글자이니 내 몸일세.

임인壬寅년에 상담하면서 "내년 계묘癸卯년에 계수가 정화를
극하니 힘들 겁니다."라고 말했는데 환자분께서 잘 이겨내셨어.
비싼 수업료를 치렀지.
을해 대운 을사乙巳년 무인戊寅월에 소천하셨네. 삼가 고인의
명복을 빕니다.

자살 공화국의 슬픈 자화상

PD

불편하지만 또 다른 죽음 얘기를 안 할 수가 없네요.

우리나라는 2023년 기준 OECD 국가 중 20년 연속 자살률
1위라는 불명예를 기록하고 있습니다. 지난해 자살자는 1만
4,439명입니다. 하루 평균 40명, 36분마다 1명씩 자살한 셈이죠.
자살은 그동안 10~30대의 주요 사망원인이었지만, 이제
40대에서도 부동의 1위였던 암을 제치고 그 자리를 대체했답니다.
자살이 개인의 문제만은 아닐 텐데, 사회 안전망이 왜 제대로
작동하지 않을까요?

命

극단적인 선택의 주요 원인으로 경제적 어려움, 사회적 고립,
정신건강 문제 등이 복합적으로 작용하네.
청년층은 학업·취업 압박과 정신적 어려움 때문일세. 중장년층은
실직·부채 등 경제적 문제, 고령층은 육체적 질병과 빈곤을 주요
원인으로 들 수 있지.
상담하다 보면 정신질환을 겪고 있는 사람들을 많이 만나게 되네.
이들은 과도한 경쟁에 내몰려, 장기간 누적된 스트레스로 인해
자살 위험에 더욱 취약하더군.

PD

종종 연예인의 안타까운 소식이 들려옵니다. 유명인의 자살 보도
후에는 일반인의 자살이 급증하는 경향이 있다고 하지요.
문제는 언론이 '속보'를 앞세우며 경쟁적으로 보도를 쏟아낸다는
점입니다.
이선균 씨의 사망 소식이 전해진 후 24시간 동안 2,600건이 넘는

기사가 네이버에 올라왔다네요. 유명인의 죽음으로 언론이 조회수
장사를 한 거죠.
저도 방송인 출신입니다만, 언론 종사자들 깡그리 모아서
'삼청교육대' 보내야 정신 차립니다.

운명이 보낸 구조 신호

命

얘기가 나왔으니 그가 왜 힘든 선택을 할 수밖에 없었는지, 그의
내면에 어떤 고통이 있었는지를 분석해보자.

時柱	日柱	月柱	年柱
–	본원	상관	편인
?	丁	戊	乙
?	未	寅	卯
–	식신	정인	편인

임기응변과 기발한 아이디어의 편인과 강한 화기에 상관을 쓰니,
예술적인 감성이나 표현이 뛰어나 연기자로서는 제격이군.
목화木火 양陽만 있고, 금수金水 음陰은 보이지 않네. 많은 목이
목말라해. 충분한 양의 물이 절실하지.
물이 필요하면 술을 찾게 되는 법. 하지만 술은 갈증 해소에 도움을
주기는커녕 화기를 증폭시켜 목 인성을 더욱 마르게 하니, 끝내
감정 과잉과 이성 마비를 초래할 걸세.

수의 물상은 밤이고 휴식이고 공부일세.

계묘 대운 계묘년에 천간으로 수가 와서 반가운 데,

무계합거戊癸合去로 무토와 계수가 기능을 잃게 되네.

무토 상관은 언변, 활동력인데 이것이 제 기능을 못 하면 입원,

구속 심지어 생명까지 위험할 수 있어.

인미寅未 원진怨嗔[5]이 부정적으로 작동하면 신경이 예민해지면서

정신줄을 놓게 되지.

그가 자기 운세의 흐름을 알았다면 '지금의 고통과 시련이

불가피한 통과의례구나. 이 또한 지나가리라' 마음 다잡고

재충전의 시간을 가질 수 있었을 텐데, 안타깝습니다.

고통을 소명으로 바꾸는 방법

프랑스인에게 가장 존경하는 인물이 누구냐고 물으면 몇 번째

순위에 드는 사람이 있네. 가톨릭 사제 아베 피에르Abbé Pierre야.

그가 쓴 책『단순한 기쁨』에 이런 일화가 나온다네.

자신의 삶을 비관해 자살을 결심한 청년이 가톨릭 사제를

찾아갔다. 그는 사제에게 자살할 수밖에 없는 이유를 설명했지.

청년의 말을 진지하게 들은 사제는 깊은 연민의 마음을 담아

이렇게 말했어.

"자살할 이유가 충분하군요. 자살하세요. 하지만 자살하기 전에
저를 도와주세요."

청년은 사제의 부탁을 받아들였지.

"저는 이미 자살을 결심했고 머지않아 죽을 몸이니 그때까지
당신을 돕는 건 그리 어렵지 않습니다."

이후 청년은 노숙자들을 위해 집을 짓고, 병든 사람들을 돌보고,
가난한 사람들과 음식을 나누는 등 사제를 도와 열심히 일했어.
그렇게 몇 달이 지난 후, 청년이 사제에게 이렇게 고백했네.
"만약 당신이 제게 돈이나 집을 주었다면, 다시 자살을 생각했을
겁니다. 여전히 세상에 쓸모없는 사람이라고 생각했을 거고요.
그런데 당신은 제게 아무것도 주지 않았고, 오히려 제게 도움을
요청했어요. 저는 그동안 당신을 도울 수 있어서 기뻤고, 이 일을
하면서 보람을 느꼈습니다.
저는 **마침내 살 이유를 찾았어요.**"

PD

누군가를 도와주면서 보람을 느끼게 되고, 그게 삶의 희망으로
이어졌군요. 감동입니다.

命

남을 위해 베푸는 것도, 운을 좋게 하는 한 방법이야.
베푸는 행위는 명리 용어로 식상인데

식상은 재성을 생하니 재물과 결과를 가져다주고,
식상은 관살을 극하니 고통에서 벗어나고 이겨낼 힘을 주지.
식상은 아낌없이 주는 나무야. 베풀고 나누고 비우는 행위라네.
비우면 채워진다. 음양陰陽의 이치야.

PD

호스피스 병동을 취재할 때 만난 원로 의사분께서
귀엣말하셨습니다.
"고령화 사회가 가속화될 겁니다. 병원에서 임종을 앞둔 환자들을
수용하는 데엔 한계가 있어요. 이제 의사들도 왕진 가방을 챙겨
가정방문 주치의로 나설 때입니다. 그러려면 의사 수부터 늘려야
합니다."

그런데 느닷없이 지역의 한 대학병원이 호스피스 병동을
갑작스럽게 폐쇄했다고 합니다. 지역의 말기 암 환자들이
의료공백의 한가운데에 놓이게 됐습니다. 돈벌이에 눈이
돌아갔어요.

命

아름다운 죽음은 없지만 인간다운 죽음은 있다네.
우리 사회는 이제 지하에 묻힌 '죽음'을 양지로 끌어올려야 해.
두렵고 불편하다고 언제까지 쉬쉬만 할 수는 없잖아. 죽음을
제대로 이해해야, 삶이 얼마나 소중한지를 알 수 있는 걸세.

우리 아이들에게 '죽음'을 제대로 가르치지 않으면 자살
공화국이라는 오명을 지울 수 없을 거야.

"죽음은 삶의 반대말이 아니다. 삶의 일부일 뿐이다."
— 무라카미 하루키 소설가, 『노르웨이의 숲』 저자

. . .

1. **록祿**: 자신이 뿌리를 내릴 수 있는 지지, 근根이라고도 한다. 녹봉, 재물, 직장, 명예 등 개인의 안정과 번영을 상징하는 기운이다.

2. **일지日支**: 태어난 날의 지지이며, 일간의 성격과 배우자 운, 가정사 등 중년 이후의 삶에 큰 영향을 미치는 핵심 요소

3. **약신藥神**: 병病을 치유하는 역할을 하는 오행五行 또는 천간·지간

4. **수명성壽命星**: 한 사람의 수명壽命과 장수·단명 여부를 판단하는 데 참고하는 별 또는 기운

5. **원진怨嗔**: 서로 미워하고 증오하는 관계를 상징한다. 원진살이 있는 사람과 만나면 이유 없이 다투거나 불편한 관계를 겪을 수 있다.

7장

내 사주는
왜 알아야 할까?

죽음은 삶의 스승이었다

PD

지난 장에서 저는 삶의 가장 엄숙한 경계인 죽음 앞에 섰습니다. 그 무거운 성찰의 시간 속에서 깨닫습니다. 죽음은 삶의 끝이 아니라, 오히려 삶을 멱살 잡고 희망으로 끌고 가는 가장 강력한 힘이라는 사실을요.

命

죽음 앞에서는 누구나 옷깃을 여미고 나를 돌아보게 된다네. 만약 우리에게 영원히 살 시간이 주어진다면, 우리는 매 순간을 지금처럼 절절하게 살지는 않을 거야. 시간이 유한하니 '지금 이 순간'이 소중한 걸세. 죽음은 우리에게 언제 끝날지를 알려주는 게 아니라, 지금을 어떻게 채워야 할지를 역설적으로 가르치는 스승이지.

PD

'어떻게 죽을 것인가'라는 질문에서 '어떻게 살 것인가'라는 삶의
본질로 돌아왔습니다. 이 질문에 답하기 위해서 우리는 어떤
준비를 해야 할까요?

命

내 사주를 아는 것이, 이 질문에 대한 가장 동양적이고 지혜로운
답이라네.
그것은 막연히 운명을 점치는 행위가 아니라 유한한 시간 속에서
내 존재를 가장 나답게, 가장 충만하게 사용하기 위한 하늘의 사용
설명서를 펼치는 일일세.

사주팔자, 하늘이 부여한 '유전자 지도'

PD

요즘 젊은 세대가 처음 만나는 사람에게 건네는 인사는 "혹시
MBTI가 뭐예요?"입니다. Myers-Briggs Type Indicator, 즉
MBTI는 사람의 성격과 심리적 선호를 파악하는 데 특화된
분석 도구이지요. 복잡한 성향을 몇 가지 유형으로 단순화하여
보여주기에, 서로를 빠르게 이해하고 공감대를 형성하는데 탁월해
인기를 누리고 있습니다.

MBTI를 통해 '나는 외향적인 사람인지, 감정적인 사람인지'와 같은 현재의 나에 대한 심층적인 이해는 얻을 수 있을 거야. 하지만 MBTI는 결정적인 한계가 있다네. 바로 **시간의 흐름**을 읽어내지 못한다는 점이지.

MBTI는 운을 예측하지 못하네. 내가 지금 가진 성향이 5년, 10년 뒤 다가올 미래에 어떻게 작동할지, 어떤 기회와 시련을 만날지 그리고 그 시련을 극복할 수 있을지 대해서는 침묵할 수밖에 없을 걸세.

정적인 심리 검사가 놓치는, 시간의 흐름 속에서 변하는 나의 운명을 읽어내는 학문이 바로 사주명리학이라는 거군요.

빙고, 사주팔자는 천간하늘의 운행 이치과 지지땅의 사계절 변화가 만나, 아기가 세상에 태어날 때 부여받는 여덟 글자일세. 이 여덟 글자는 단순히 운세를 점치는 데이터가 아니라, 천문天의 시간표을 인문人의 길흉화복으로 전환한 학문의 결과물이지. 하늘이 주신 '유전자 지도'라네.

그릇을 알아야 쓰임이 보인다

PD

제 직장동료 대부분은 사주에 관심이 없었습니다. 인정받는 직장에 정년이 보장되니, 미래에 대해 별다른 불안감이 없어서일까요?

命

글쎄, 사람 팔자, 모르는 법이다. 누가 몰래 문지방을 넘었을지.
명리학에서 명命은 그 사람이 타고난 변하지 않는 에너지의 크기와 형태로, 우리는 이를 '그릇器'이라 이름하지. 흙을 빚어 만든 도자기가 작은 종지일 수도 있고, 수백 년 된 아름드리나무로 만든 큰 대접일 수도 있듯이, 사주는 영혼을 담아낼 그릇의 크기와 모양을 결정하게 된다네.

PD

작은 종지에는 적은 물만 담아야 하고, 큰 호수에는 세상을 담아도 흘러넘치지 않는다. 이 말씀이군요.

命

이제 하산下山해도 되겠는 걸.
내가 가진 그릇이 얼마나 크고, 어떤 모양으로 빚어졌는지를 알아야 그에 걸맞은 삶의 '쓰임'을 찾을 수 있겠지. 그 쓰임을 깨닫지 못하고 오직 야망만을 좇았을 때, 그 거대한 그릇이 개인에게 나아가 사회에 큰 파장을 일으킨다네. 우리는 한 정치인의 사주를 통해 이를 여실히 목격했었네.

바로 국민의 가슴에 총부리를 겨눈 윤석열 전 대통령의 사주가 그
대표적인 사례이지.

時柱	日柱	月柱	年柱
상관	본원	편인	비견
癸	庚	戊	庚
未	辰	子	子
정인	편인	상관	상관

토금수土金水로만 이루어졌고, 목화木火 재관財官[1]이 보이지 않는군.

가장 아름다운 모습은 월간 무토와 시간 계수의 무계합戊癸合일세.

편인과 상관의 합이니, '전문가 사주'의 그릇이라네.

운을 절묘하게 잘 만나, 갑오甲午 대운[2] 임인壬寅 년에 대통령이
되었네.

법과 원칙을 철저히 따지는 전문가가 소명이었으나, 당최 쓰임에
맞지 않는 정치인의 길을 걸어 지금 천당과 지옥을 넘나들고
있다네.

PD

내 사주를 본다는 것은 바로 나만의 분分을 아는 것이군요.

운을 알고 버텨라

PD

그런데 운運의 힘이 엄청난가 봅니다. 명命을 들었다 놨다 합니다.

命

명命이 '설계'라면 운運은 '시공'이라 할 수 있네.
아무리 훌륭한 건축 도면이 있어도, 자재가 제때 도착하지 않거나
불량 자재흉운가 오면 건물을 올릴 수가 없겠지. 반면에 좋은
자재길운가 적절한 시기에 끊임없이 도착하면 웅장한 건축물을
완성할 수 있을 걸세.

이것이 바로 명은 좋으나 운이 따르지 않아 평생을 숨죽여 살고,
명은 평범하나 운이 좋아 시대를 풍미하는 사람들이 존재하는
이유라네.

PD

2004년 영화 '하류인생'으로 데뷔, 나름 꾸준히 스크린을
넘나들었으나 대중에게는 존재감이 없었던, 하류 인생 20년 차
영화배우 구성환이 일약 스타덤에 올랐습니다.

"쉬는 날이 많았을 뿐이지 힘들진 않았어요.
힘들었으면 20년 동안 버티지 못했을 거예요."

時柱	日柱	月柱	年柱
–	본원	편인	편관
?	甲	壬	庚
?	戌	午	申
–	편재	상관	편관

62	52	42	32	22
정재	편재	상관	식신	겁재
己	戊	丁	丙	乙
丑	子	亥	戌	酉
정재	정인	편인	편재	정관

命

여름철 갑목이 오술 반합午戌 半合으로 화기가 강하니 수水 기운이
필요한 팔자일세.

이전 병술丙戌 대운은 편인도식[3]에 상관이 강해지는군. 앞으로 남고
뒤로 밑지는 운이었어.

'아기다리고기다리'던 정해丁亥 대운이 찾아오니, 임수 편인이
록祿이 생기면서 정임합동丁壬合動[4]이 일어난다네. 나의 재주를
발휘하여 이름이 나거나, 그동안 갈고 닦은 경험과 노하우를
바탕으로 능력을 발휘하는 운일세.

"두 달간 하루도 못 쉰 대신에
두 달간 광고를 다섯 편 찍었어요."

운을 알고 '버틴다'는 것은 내 그릇에 맞는 쓰임이 발현될 때를
확신하고, 그 시기가 올 때 폭발적인 힘을 발휘하기 위해 몸과
마음의 준비를 마치는 가장 능동적인 선택이자 자기 경영일세.

PD

한 인터뷰에서 구성환 배우가 말했어요.
"행복하게 촬영해서 무명의 아픔이 없어요. 끝난 후 맥주 한잔
마시면서 다음 작품 이야기하고, 버티기보다 즐긴 것 같아요."
선친께서 즐겨 부르셨던 「회전의자」라는 노래가 생각납니다.

命

사주명리학은 우리가 언제 달려야 하고, 언제 멈춰 서서 내면을
채워야 하는지를 알려주는 **인생의 나침반일세.**

나쁜 시절도 돌고 돌기에, 곧 지나간다.
좋은 시절도 돌고 돌기에, 집착하지 마라.
이 순환의 이치를 깨달을 때, 우리는 절망의 벼랑 끝에서 다시
일어설 힘을 얻게 되네. 왜냐하면 누구나 어떤 상황에 있든 내
인생의 전성기는 반드시 한 번은 오기 때문일세.

"승리한 대국의 복기는 '이기는 습관'을 만들어 주고, 패배한
대국의 복기는 '이기는 준비'를 만들어 준다."
— 이창호 바둑기사

• • •

1. **재관財官**: 재물財과 관직·명예官를 합친 용어로, 사회적 성공과 직업적
   성취를 상징하는 기운.

2. **대운大運**: 10년 단위로 변화하는 인생의 큰 흐름을 의미한다. 대운은
   개인의 삶에 영향을 미치는 에너지와 기운의 흐름을 나타내며, 인생의 주요
   전환점이나 변화의 시기를 예측하는 데 중요한 역할을 한다.

3. **편인도식偏印倒食**: 편인이 식신을 극하여 활동·생계 기반을 흔들 수 있는
   구조로, '밥그릇을 엎는다'는 비유로 설명된다.

4. **정임합동丁壬合動**: 천간으로 '정丁'과 '임壬'이 결합하여 긍정적인 변화를
   가져오는 걸 의미한다. 반대로 정임합거丁壬合去가 있다.

8장

세상에 나쁜 사주는 없다

PD

애니메이션 뮤지컬 판타지 영화 〈케이팝 데몬 헌터스KPop Demon Hunters〉가 전 세계적으로 폭발적인 인기를 끌고 있습니다.
특히 OST 곡 「골든Golden」은 실존하지 않는 그룹의 노래임에도 글로벌 차트 1위에 오르고, 수많은 팬이 따라 부르며 눈물을 흘리는 진풍경이 이어집니다.
멜로디 때문일까요? 가사가 매워서일까요? 궁금했습니다.

I was like a ghost and was alone.

The throne was given, but I didn't know how to believe it.

But I was the queen who was finally born.

People called me a problem. Too rough and so free.

But now that power is the stage of my life,

It was the reason why my song was ringing endlessly.

I will no longer hide.

I shine, like a shining being to be born.

We go up, this moment is our time.

It will surely be golden.

It is not broken forever, not broken,

As a shining being.

— 「Golden」

나는 유령 같았고, 홀로였다.

왕좌가 주어졌지만, 믿는 법을 몰랐다.

그러나 나는, 결국 태어날 때부터 정해진 여왕이었다.

사람들은 나를 문제아라 불렀다.

너무 거칠고, 너무 자유로워서.

하지만 지금은 그 힘이 내 삶의 무대,

내 노래가 끝없이 울려 퍼지는 이유가 되었다.

이제 더는 숨지 않겠다.

나는 빛난다, 태어나기 위해 빛나는 존재처럼.

우리는 올라간다, 이 순간이 바로 우리의 시간.

반드시, 반드시 황금빛이 될 것이다.

영원히 꺾이지 않고, 부서지지 않는,

끝내 빛나는 존재로.

— 「골든」

처음엔 외롭고 방황했지만, 결국 자신을 받아들이고 빛나는 존재가

된다는 스토리를 담고 있네요. 노랫말을 확인하니 그들의 눈물의
의미가 가슴에 와닿습니다.

命

단순한 노래 가사가 아니라, '선택과 깨달음의 순간'을 선언하는
강력한 메시지를 품고 있군.
사람은 숙명에 갇혀 자신의 진정한 빛을 숨기거나 의심하며 살
때가 많아. 하지만 이 가사는 그 모든 두려움을 떨치고 **나는 본래
빛나도록 창조된 존재**'임을 웅변하네. 이는 '세상에 나쁜 사주는
없다'라는 말과 맥이 닿아있네.

불완전한 여덟 글자, 인내를 가르치다

PD

사주명리학의 근간인 음양오행은 10개의 기운_{천간}으로 완벽한
순환을 이룹니다. 하지만 인간이 태어날 때 부여받는 사주팔자는
8글자로, 애당초 2글자가 모자랍니다. 인간은 누구나 불완전한
존재인가요?

命

이 **'2글자의 결핍'**이야말로 인간이 완벽할 수 없으며, 끝없는
인내와 수양을 통해 평생토록 채워 나가야 하는 사명이라네. 삶이
뜻대로 되지 않고 고통과 좌절이 따르는 것은 운명이 가혹해서가

아니라, 스스로 결핍을 극복하고 성장하라는 우주의 요구일세.

우리는 이 불완전한 여덟 글자를 '길흉吉凶'의 이분법으로
나누는 낡은 관습을 버려야 할 걸세. 명리학의 근본 원리인
오행무상승五行無常勝: 오행 사이에는 항상 이기는 것이 없다, 즉 **영원한
승자도 패자도 없다**는 철학은 이분법을 부정하지. 어떤 기운도 그
자체로 악하지 않으며, 다만 '쓰임과 때'에 따라 달리 보일 뿐이야.

나쁜 사주는 없고, 나쁜 쓰임만 있다

PD

선생님께서 갑자기 목에 힘을 주시네요. 잘 새겨듣고 있으니 걱정
붙들어 매십시오. 그런데 나쁜 사주는 없는데, 왜 나쁜 놈은 있죠?

命

사주는 그 사람이 좋은 사람인지 나쁜 사람인지를 판별하는
도구가 아니라네. 사주는 도덕적 판단을 내릴 수 없어. 그러나
사회적으로 위험하거나 파괴적인 행동을 할 잠재력은 읽어낼 수
있다네.

비겁比劫[1]이 많고 살기殺氣가 강한 사주는 타인을 압도하는 강한
힘과 공격성을 지니고 태어나지. 이 힘은 정의를 실현하는 강력한
리더나 군인이 될 수도 있지만, 범죄나 폭력으로 이어질 잠재력도

동시에 가져. 사주는 그 사람이 '칼을 들고 태어났다'라는 사실은 알 수 있지만, 그 칼로 사람을 구할지 해칠지는 정해져 있지 않다네.

時柱	日柱	月柱	年柱
상관	본원	식신	식신
辛	戊	庚	庚
酉	辰	辰	戌
상관	비견	비견	비견

햇볕도 없고 나무 한 그루 없는 캄캄하고 험악한 바위산이군. 식상이 금金이니 어렸을 때 운동, 그림에 소질이 있었을 거야. 하지만 강한 숙살肅殺의 기운은 아버지가 일찍 돌아가시고 계모의 폭력에 시달리는 등 제대로 된 교육과 환경을 만나지 못해 파괴적인 재능으로 드러났어. 백호 일주에 괴강이 거듭되고 진술충[2]과 진진 자형[3]까지 일어나니 에너지가 극단으로 흘렀다네. 진술충하면 진토 속의 을목이 천간으로 올라가 을경합[4]으로 사라지게 돼乙庚合金. 을목은 '못다 핀 봄꽃여성'이야. 1년도 안 되는 기간에 20명을 연쇄 살인한 유영철 사주일세.

PD

유영철과 똑같은 사주를 가진 수많은 사람이 모두 범죄자가 되는 건 아닐 텐데요?

유영철의 사주가 파괴의 끝을 보여준다면, 같은 칼로 정의를
지키는 사람도 있다네. 바로 법관·군·경찰 등의 길을 선택한
사람들이지.

時柱	日柱	月柱	年柱
편인	본원	상관	정인
庚	壬	乙	辛
戌	辰	未	酉
편관	편관	정관	정인

우리나라 3대 명리학자 중 한 분인 이석영 선생의 『사주첩경』에
나오는 경찰관총경 명식일세.
괴강 일주에 백호와 괴강을 더하고 진술충까지 하니
생살권生殺權을 행사하는 직업이 천직이야.

이석영 선생은 2권 20장 '감금당하여 본다'와 32장 '경찰관
하여 본다'에서 서로 반대되는 두 집단의 사주 구성이 똑같다고
설명했어. 이어 감금당할 팔자라도 경찰관, 형무관, 헌병, 사법관,
기타의 특수기관, 수사기관에 종사하면 무방하다고 했지.
명리학에서는 이를 업상대체라고 한다네.

업상대체業上代替, 나쁜 칼을 좋은 칼로 바꾸는 법

PD

강력한 살기殺氣의 사주를 지니고 태어난 수많은 사람이 그
에너지를 선한 방향으로 쓸지, 악한 쪽으로 쓸지는 개인이 선택할
수 있다는 말씀이군요?

命

사주는 우리 손에 쥐어진 '칼'과 같아. 유영철처럼 강한
괴강魁罡이나 백호白虎의 살기는 사람을 해칠 수도 있지만, 가장
강력한 정의를 세우는 힘이기도 하네. 칼로 사람을 찔러 죽이는
사주가 있다면, 칼로 사람을 살리는 의사나, 칼로 국가와 국민을
지키는 군인, 경찰관이 되는 것도 같은 이치야.

옛 성현은 나쁜 운명을 바꾸는 가장 확실한 방법의 하나로
업상대체를 들었어. 사주팔자는 '이 세상에 너는 이런 무기재능를
갖고 태어났으니 이렇게 살아라.'라고 명령하는 건 아냐. 단지 너의
에너지 분포도일 뿐이지.
결국 모든 운명은 **'너는 이 힘을 가지고 무엇을 할 것인가?'**라는
질문 앞에 놓여 있어. 유영철의 파괴적인 에너지가 강한 의지를
만나 경찰 총경의 정의로운 에너지가 될 수도 있다네.

PD

혹자는 유영철의 범죄가 워낙 끔찍해서 '사람 고쳐 쓰지

못한다'라고 말할 텐데요?

命

그렇지 않아. 그 누구의 사주도 선악을 담고 있지 않다는 게 우주의
중립적인 규칙이네. 우리는 그의 비극을 통해 인간의 자유의지가
얼마나 엄중하고 무거운 책임을 갖는지를 깨달아야 할 걸세.

PD

그렇다면, 그 파괴적인 백호의 기운을 정의로운 힘으로 바꿀 수
있는 '선택의 용기'는 어떻게 얻을 수 있을까요?

命

그것은 〈케이팝 데몬 헌터스〉에 등장하는 청호靑虎, 바로 더피
타이거의 상징성에서 찾을 수 있네. 백호白虎가 가을과 종말의
전통적 두려움이었다면, 청호는 동쪽, 봄, 새로운 시작을 상징하지.
나쁜 사주란 없어. 우리에게는 언제든 파괴 대신 희망을 선택할
힘이 있다는 사실을 믿는 것이 곧 그 용기일세.
네가 너의 운명의 최종 결정권자라는 사실을 잊지 말게나.

"인간에게서 모든 것을 빼앗을 수는 있어도, 단 한 가지는
빼앗을 수 없다. 바로 주어진 상황에서 어떤 태도를 취할지
선택하는 자유다."
— 빅터 프랭클 정신의학자, 『죽음의 수용소에서』 저자

· · ·

1. **비겁比劫**: 비견과 겁재를 합쳐 부르는 말로, 일간과 오행이 같은 글자를
   뜻하며 친구·형제·동료·경쟁자를 상징한다.

2. **진술충辰戌沖**: 진토辰土와 술토戌土가 만나 충돌하는 구조를 의미하며,
   단순히 갈등이나 충돌만을 의미하지 않고, 현실의 변화, 이동, 변동, 새로운
   기회의 창출 등 다양한 양상으로 나타날 수 있다.

3. **진진 자형辰辰 自刑**: '辰진'이 두 번 반복되어 나타나는 구조로, 내면의
   갈등과 자기 내부에 대한 충돌, 자기 비판적 성향이 강하게 드러나는 것을
   의미한다.

4. **을경합乙庚合**: 천간합 중 하나. 을乙과 경庚이 만나 조화를 이루는 관계를
   의미한다. 긍정적 변화합동와 기능 상실합거로 작용한다.

9장

"우리 아이 사주를
봐야 하나요?"

"가장 좋아하는 게 뭐니?" "가장 잘하는 건 뭘까?" 물으면 선뜻 답하지
못하는 아이들이 의외로 많다.

왜일까? 우리 아이들은 태어나는 순간 '자기 자신이 아닌 부모의 길'을
걷도록 강요받기 때문이다. 학원, 숙제, 시험이라는 거대한 시스템 속에서
아이들은 자신이 '진정으로 무엇을 원하는지' 생각할 여유를 잃었다.

아이가 '해야 할 일'에만 매몰되는 동안, '하고 싶은 일'에 대한 감각은
말라버린 것이다.

아이의 길을 찾아주는 현명한 안내자 - 사주명리

PD

우리 사회는 아이가 태어나는 순간부터 정해진 성공의 틀에
가두려 합니다. 부모의 바람예: 의사, 법조인에 맞춰 아이에게 맞지

않는 사교육을 쏟아붓고, 아이의 잠재력을 억압하는 어리석음을
범하고 있습니다.

命

맞아, 부모가 아이를 자신의 욕심이나 고정관념으로 재단하려고
하지. 부모가 아이의 사주를 봐야 하는 가장 근본적인 이유가
여기에 있네.
사주명리가 아이의 미래를 예측하는 도구는 아닐세. 사주는 아이가
태어날 때 하늘로부터 부여받은 '그릇의 크기와 쓰임'을 보여주는
설계도지. 마치 자동차 회사에서 발행하는 '특정 모델의 사용
설명서'와 같다네.
부모가 이 사용 설명서를 읽는 것은, 아이의 타고난 고유성을
존중하는 행위일세. 아이의 사주가 '불火이 필요한 그릇'임을
안다면 억지로 차가운 물水을 붓는 어리석은 실수를 피할 수
있겠지.

내 아이의 사주를 아는 것은 곧 부모의 꿈을 아이에게 강요하는
어리석음에서 벗어나, 아이에게 맞는 길을 찾아주는 현명한
안내자가 되는 첫걸음이라네.

유재석의 무명 시절 - '인성印星'을 닦은 성공

PD

방송 연예인을 꿈꾸는 아이들이 넘칩니다. 하지만 연예인으로
성공하는 게 공부해서 서울대 가는 것보다 어렵다고 할 정도로
하늘의 별 따기입니다.
이 약육강식의 세계에서 국민 MC 유재석은 어떻게 변함없이
인기를 누릴 수 있을까요?

命

뿌리 깊은 나무는 바람에 흔들리지 않는다고 하지. 바꾸어 말하면
바람에 흔들리지 않으면 나무는 뿌리를 깊이 뻗지 않게 된다네.
더 빨리는 자라지만, 채 성숙하기도 전에 쓰러지지.

유재석이라고 힘든 시절이 없었겠니? 쉽게 이룬 성공 같지만, 눈물
젖은 빵을 먹던 시절도 있었을 게야.

PD

유재석은 10년의 무명 시절을 겪었습니다. 그런데 당시 선후배나
동료 심지어 작가 등 스태프 경조사를 빠짐없이 챙긴 것으로
유명했습니다. 주변 사람들은 쓸데없이 오지랖이 넓다며
갸웃했습니다.

그런데 말이야. 그 '쓸데없는 오지랖'이 그의 운명을 바꾼 터닝 포인트였다네.

時柱	日柱	月柱	年柱
–	본원	상관	정관
?	丁	戊	壬
?	丑	申	子
–	식신	정재	편관

유재석은 정화 일간으로 사람을 감싸고 살피며, 늘 주변을 밝히는 사람이네. 식상이 발달해 말솜씨가 탁월하고 아이디어도 풍부하지. 예능, 방송, 창작 분야에 어울려.

문제는 일간이 극신약極身弱[1]하니 인성印星과 비겁比劫도 약한 구조야, 20대는 재성財星이 인성을 극하는 시기라 인기를 얻지 못했다네.

스스로의 힘이 약하기 때문에 주변의 지지와 도움이 절대적으로 필요하네.

힘든 시절에도 남을 위한 배려와 인간적인 관계를 통해 돈으로는 살 수 없는 '인성智慧와 貴人'이라는 토대를 다졌군. 자신의 운명을 감당할 인격과 인맥을 닦는 인고의 시간이었어.

내 아이가 타고난 인성이 약할 때 어떻게 지도해야 할까요?

命

인성이 약하면 자기 확신이 부족하고 쉽게 지치게 된다네. 이럴 경우는 '혼자 잘 되는 법'보다, '함께 잘 되는 법'을 가르쳐야 하네. 유재석이 지인들의 경조사를 챙겼듯, 아이에게 봉사 활동, 팀 프로젝트 등 주변 사람들에게 긍정적인 영향을 주고 그들의 지지를 받는 경험인성을 체계적으로 훈련시켜야 할 걸세. '네가 약하니 주변 사람들에게 잘해야 한다'라는 교훈을 심어주는 것이 가장 중요하다네.

조니 김의 '불가능한 길' - 의지意志의 승리

PD

성실과 인성으로 운명을 개척한 유재석과 달리 가혹한 환경命運을 불굴의 의지로 극복한 조니 김의 인간 승리도 대단하다는 생각입니다. 그의 어린 시절 환경은 최악이었습니다. 알코올 중독에 폭력을 일삼던 아버지는 결국 경찰관의 총에 사망하게 됩니다.

사주명리학적으로 볼 때, 대부분 사람은 이런 흉운凶運에 좌절하거나, 아버지처럼 파괴적인 길을 택할 겁니다. 그러나 그는 절망 대신, **'엄마와 가족을 지키겠다.'**는 일념으로, 자신의 삶을 완전히 새로운 궤도로 올려놓았습니다.

나도 뉴스를 통해 알고 있네. 요릿집 막노동을 거쳐, 육체의 극한을
다투는 네이비실에 자원했지. 군 복무 후에는 하버드 의대에
진학하여 의사가 되었고, 마침내 NASA 우주 비행사가 됐더군.
입지전적인 인물이야.

時柱	日柱	月柱	年柱
–	본원	정인	정관
?	己	丙	甲
?	巳	寅	子
–	정인	정관	편재

이 사주는 강한 충돌과 갈등을 암시하는 기운刑²이 있군.
조니 김은 이 강한 에너지를 회피하지 않고 정면으로 마주하며
활용했다네. 그는 충돌의 에너지를 군인의 규율, 의사의 생명
존중이라는 업상대체의 길로 풀어냄으로써 파국으로 흐를 운명을
승리로 이끌었어.

조니 김의 삶은 사주가 아무리 가혹한 환경을 예고할지라도,
인간의 강한 자유의지와 선택 앞에 운명은 반드시 무릎을
꿇는다는 교훈을 선사하는군.
성공은 시련을 견뎌낸 사람에게 주어지는 달콤한 과실이야.

PD

사주가 보여주는 아이의 '그릇'과 '고유 에너지'를 제대로 파악하는

게 무엇보다 중요할 것 같습니다.

命

부모의 역할은 아이가 가진 잠재력을 가장 효율적으로 발휘할 수
있는 환경을 만들어 주는 일일세.
예를 들어, 우리 아이의 사주가 태어날 때부터 木목 기운이
강하다면 어떨까? 나무처럼 위로 솟아오르는 기운이 강하니,
에너지를 몸으로 발산하는 활동적인 환경이 필요하지. 억지로
책상에 앉히기보다는 넓은 공간에서 뛰어놀게 하거나 창의적이고
예술적인 활동으로 그 에너지를 풀어주어야 한다네.
반대로 金금 기운이 강하다면, 냉정함과 분석력이 탁월하니,
섬세한 과학이나 기술, 금융 분야에 재능을 보일 수 있네. 아이에게
따뜻한 격려와 공감을 통해 딱딱한 금 기운을 유연하게 만드는
것이 중요할 걸세.

내 아이의 사주를 아는 것은 '무엇을 해야 하는지'를 강요하는 것이
아니라, 아이가 가진 가장 강력한 무기를 파악하여 그 잠재력이
세상에 제대로 쓰일 수 있도록 효율적인 환경을 마련해 주는
지혜일세.
아이의 길을 찾는 여정, 부모님도 동반자이자 안내자로서 함께
걸어가야 한다네.

"교육은 통을 채우는 것이 아니라, 불을 지피는 것이다."
— 윌리엄 버틀러 예이츠 시인, 노벨문학상 수상자

• • •

1. **극신약極身弱**: 일간의 기운이 극도로 약해, 주변의 세력에 의해 주도권을
   거의 잡지 못하는 사주 구조를 의미한다. 내면이 복잡하고 긴장된 상태,
   자기주장보다 상황에 맞추려는 성향, 신중하고 불안감이 크며, 쉽게 지치는
   경향이 나타날 수 있다.

2. **형刑**: '형벌' 또는 '벌을 받는다'는 의미로 주로 구속, 제약, 갈등, 변화의
   상징이다. 형은 인간관계에서의 갈등, 도전, 또는 그로 인한 성장의 기회로도
   해석된다. 강한 카리스마와 추진력, 때로는 고독이나 인간관계의 어려움을
   동반할 수 있다.

10장

"AI 사주,
믿어도 되나요?"

지금 우리 사회는 명리학의 오랜 지혜와 첨단 AI 기술이 만나는 시대다. 사주 앱과 AI 서비스는 젊은 세대에게 폭발적인 인기를 얻으며 새로운 문화 현상이 되었다.

그 배경에는 경제적 불안정과 미래의 불확실성이 자리한다. 최근 10년간 20대 청년층의 실질소득 증가율은 전 세대 중에서 꼴찌를 기록했다. 텅 빈 호주머니, 흔들리는 일자리, 물 건너간 내 집 마련 등 상대적 박탈감이 청춘을 옥죄고 있다.

앞날에 대한 어두운 그림자가 짙어질수록 청춘들은 '2~3초 만에 답을 주는' AI 사주에 기대어 불안한 마음을 달래고 위로받는다.

AI의 '속도와 효율'의 유혹

PD

젊은이들이 '빠르고 공짜에다 꼰대 같은 잔소리가 없는' AI 사주를 패스트푸드처럼 소비하고 있습니다. 혹시 요즘 영업에는 지장 없습니까?

命

잘 알면서 짓궂게 물어보는군. 대세를 거스를 순 없지. 흘러갈 수밖에.
청년들이 AI 사주를 보는 건 단순한 호기심이 아니야. 노력해도 나아지지 않을 것 같은 깜깜한 미래 때문이지.
그나저나 AI 사주를 통해 자기 자신을 돌아보고 작은 용기를 얻을 수 있다면야 좋은 일이지만. 맹신은 경계해야 해.

PD

헐, 걱정도 팔자십니다. 호승심이 불끈 솟는가 보군요.
AI 사주는 우리가 상상할 수 없는 양의 사주 데이터를 분석하여 예측합니다. 사람처럼 실수하지 않습니다. 그들은 생각보다 똑똑합니다.

命

AI가 최적의 계산 도구인 건 맞아.
육십갑자의 50만 가지가 넘는 조합$_{60×12×60×12=518,400}$을

순식간에 풀어내고, 대수의 법칙으로 가장 가능성이 높은 결과를
뽑아낸다네. 이러한 사주 구조를 가진 사람이 특정 시기에 특정
경험을 할 통계적 확률에 근거를 두지.

AI는 역술가가 가질 수 있는 개인적인 감정이나 선입견이
없습니다. 오직 데이터에 기반한 논리만을 제시하니까요. AI
사주를 이용하는 사람들은 AI가 감정적 치우침이 없으니 객관적인
답을 내놓을 거라는 믿음이 있어요.

AI는 실제로 아무것도 '알지' 못한다

命

자네, 오늘은 은근히 말에 뼈가 있다.
그럼, 좋아. 이참에 AI 사주 실력을 한번 테스트해 볼까?

時柱	日柱	月柱	年柱
편재	본원	겁재	정재
壬	戊	己	癸
戌	戌	未	酉
비견	비견	겁재	상관

30대 청년이야. 적성에 맞는 직업에 관하여 AI와 대화를 나눠 봤어.

AI는 먼저 오행의 개수만 세더니, 기계적으로 균형을 맞추더군.
"토가 지나치게 강하고, 목과 화가 전혀 없는 사주입니다. 균형을
맞추기 위해 '목木'과 '화火'의 기운이 필요합니다."라는 답을
내놨어.

추천 직업으로는 토나 금 관련 분야가 유리하고, 예술·디자인·감성
직군은 피하라는군. 대답이 술술 나오니 '사주 풀이가 원래 이렇게
쉬웠나?' 생각이 들기도 했네.

「問: 월지 미토未土는 가장 더운 계절이다. 생긴 건 토지만, 실제는
화 기운이 강하다.
쫍: '계절은 배경, 사주는 본질' - 당신이 화火의 계절에
태어났더라도 실제 사주 8자 안에 화火가 없다면 → 그 화의
에너지를 '**내 것으로 쓸 수 없다**'는 것이 명리학의 기본
원리입니다.」

PD

답변이 거침이 없습니다. 그런데 맞는 말인가요? 멍멍이 소리
같기도 하고.

命

옛말에 입이 가벼운 사람을 조심하라 했네. 말인지 방귄지 잘
구분해야 할 걸세.

「問: 천간은 하늘, 지지는 땅, 지장간[1]은 사람의 일이니 바로
천지인天地人이다. 미토는 지장간에 하늘의 기운인 정화丁火
화기火氣를 머금은 토다.
答: 丁火는 지장간 속에서 약하게 존재하며, 실제로는 지면
위로 거의 나오지 못하는 불씨입니다. 즉, 화가 있지만 살아있지
않습니다. 죽어있는 불입니다.

問: 미토未土는 가장 더운 계절의 토고, 축토丑土는 가장 추운
계절의 토다. 미토와 축토는 '같은 토'인가?
答: 당신은 명리학을 바라보는 시각의 근본적 오류, 즉 사주를
절기와 운기, '시공의 조응'이 아닌 '오행 숫자 조절의 게임'으로
축소시킨 해석 방식에 대한 문제 제기를 하고 계십니다. 그리고
당신의 말은 맞습니다.」

오랜 실랑이 끝에 항복 문서를 받았다네.
AI는 엉터리 답인데도 끝까지 우기는 경향이 있더군. 워낙 자신감
있는 어투라 자칫하면 설득당하겠어. 그러니 답변이 쌩쌩 나온다고
무조건 믿었다가는 큰일 날 수 있네.

PD

컴퓨터가 연산 능력이 얼마나 뛰어난데, 설마 잘못된 답을
내겠어요? 선생님이 억지를 부리니까 AI가 입맛에 맞는 답을 주고,
더 이상의 대화를 포기한 거 아닐까요?

음, 오늘 점심 뭐 먹었나? 달을 가리키는데 손가락만 보는군.

AI는 방대한 텍스트나 이미지 데이터를 기반으로 훈련하네.

훈련 데이터 속에 왜곡, 편견, 낡은 지식이 섞여 있어도 AI는

그대로 반영하여 답을 토해낼 수밖에 없어.

AI는 외부 현실과 대조하거나 검증하는 능력이 없기에 무엇이

진실이고 무엇이 거짓인지 구분할 수 없다네.

콩 심은 데 콩 난다 - 빅데이터의 함정

AI가 발전함에 따라 그 효율성과 속도에 유혹되어 모든 걸 AI에

맡기고 싶어지는데, 예상치 못한 약점이 있군요.

인공지능의 핵심인 대규모 언어모델LLM, Large Language Model은

진실을 배우는 게 아니라, 다음에 올 단어를 확률적으로 예측하는

방식으로 작동한다네. 그래서 학습 데이터에 없는 질문이

들어오면, AI는 '그럴듯한 답plausible answer'을 지어내지. 질문이

모호할 경우는 아예 추측성 답변을 내놓기도 하고 말이야. 이런

현상을 AI 환각hallucination[2]이라고 부르네.

AI가 그럴듯한 거짓말을 늘어놓는다는 거군요.

命

쉽게 예를 들어 줄게.
데이터 과학자 콜린 프레이저가 챗GPT에게 "1부터 100 사이에서
무작위 숫자 하나를 고르라"고 했는데, 특정 숫자가 유난히 자주
나왔어. 원래라면 모든 숫자가 비슷하게 나와야 하잖아? 그런데
어떤 숫자는 1%가 아니라 10% 가까이 나왔지.

PD

그게 어떤 숫자입니까?

命

'42'라는 숫자야. 인터넷에 "42는 삶, 우주, 모든 것의 해답"이라는
농담이 워낙 많다 보니, AI는 진짜 무작위가 아니라 가장 많이 본
패턴을 '더 확실한 답'으로 착각해 내놓은 걸세.

PD

그러니까 AI 사주가 오행의 개수에 의존해서 답을 내는 것은
대다수 역술가가 그렇게 보고 있기 때문이니 어쩔 수가 없군요.
'쓰레기 데이터가 입력되면 쓰레기 답변이 출력된다.' 제가
한마디로 잘 요약했죠?

命

둥근 달이 참 밝구나.

사실 내가 AI에게 물어본 예시 사주는 웬만한 역술가는 제대로 풀 수 없는 어려운 명식이네. 진술축미辰戌丑未 토는 지장간에 3개의 기운이 있어 변화가 복잡하지. 다음 계절을 열어주고, 창고로서 보호기능도 하며, 묘지로서 곤란하게 만들기도 한다네.

AI에게 살짝 미안한 마음도 드는군.

PD

인공지능AI의 발전 속도는 우리가 예상한다는 게 무의미할 정도로 빠릅니다.

AI 사주도 상상 이상으로 진화하겠지요?

命

AI 사주가 아무리 빨라지고 정교해져도, 본질적인 한계가 있다네. 사주는 단순히 통계가 아니라 개인의 삶의 맥락, 성장 환경, 심리 상태 등을 복합적으로 고려해야 하지. 동일 사주가 왜 다른 삶을 사는지를 AI는 읽어내지 못할 걸세.

하지만 AI의 '속도와 효율성'을 거부할 수는 없네. 오히려 AI가 가진 방대한 자료 처리 능력은 명리학의 발전에 긍정적으로 기여할 거야.

예를 들어, AI는 수많은 고전 명리 서적을 디지털화하고, 복잡한 운세의 확률을 계산하거나, 어려운 명리 용어를 초보자도 쉽게

이해할 수 있도록 해설해 줄 수 있어. 즉, AI는 '명리산'을 오르는
길을 정교하게 닦아주는 도구가 될 수 있다네.

PD

결국 AI는 운명命의 설계도는 읽지만, 삶의 시공運이 어떻게
작동하는지는 인간의 지혜만이 알겠군요?

命

AI 사주가 던지는 통계적인 답을 통해 자기 성찰의 계기로 삼는
것은 좋지만, 인생의 중요한 결정은 여전히 인간의 통찰Insight과
지혜에 기대야 할 걸세.
우리는 AI를 두려워할 것이 아니라, AI와 명리학이 어떻게
공존하며 더 나은 미래를 제시할지 고민할 때가 왔어.

"마음으로 보아야 잘 볼 수 있어. 중요한 건 눈에 보이지
않아."
— 앙투안 드 생텍쥐페리Antoine de Saint-Exupéry, 『어린 왕자』

• • •

1. **지장간地藏干**: '땅속 비밀의 글자', 지지 속에 감춰진 천간의 기운. 사주
해석에서 해당 지지의 복합적인 에너지와 변화의 흐름을 파악하는 데
필수적이다.

2. **AI 환각**hallucination: 대화형 인공지능에서 존재하지 않거나 맥락과
관계없는 답을 마치 진실인 듯 답변하는 것. 훈련 데이터의 한계와 품질 문제,
과신하는 패턴 인식, 기준 진실 결핍, 복잡성 함정 등이 원인이 될 수 있다.

'나'와 '세상'의 관계를 읽는 비밀 지도

● 십신, 신살, 오행별 직업 분류

1. 십신(十神)

십신은 일간나과 다른 천간, 지지의 관계를 열 가지로 나눈 것으로,
나와 세상의 관계를 보여주는 중요한 지표이다.

비견(比肩) | 친구, 동료

나의 일간과 같은 오행으로, 나 자신을 의미한다.
독립심이 강하고 자기주장이 뚜렷한 경우가 많다.
좋게 작용하면 자존감이 높고 주체적인 삶을 살아가지만,
부정적으로 작용하면 고집이 세고 독단적인 경향을 보일 수 있다.

겁재(劫財) | 라이벌, 경쟁자

나의 일간과 오행은 같지만 음양이 다른 기운이다.
경쟁심이 강하고 목표를 향한 추진력이 뛰어나다.
좋게 작용하면 강한 승부욕으로 성공을 이끌지만,
부정적으로 작용하면 남을 이기려는 마음이 강해져 구설수에
오르거나 재물 손실을 겪을 수 있다.

식신(食神) | 재능, 여유

나의 기운을 밖으로 표출하는 오행으로, 재능과 창의력을 상징한다.
느긋하고 여유로운 성격으로 먹을 복이 있고, 주변 사람들에게
인기가 많다. 베푸는 것을 좋아하며, 전문성을 살린 직업에 강점을
보인다.

상관(傷官) | 반항, 표현

식신과 마찬가지로 나의 기운을 표출하는 오행이지만, 틀에
박힌 것을 거부하고 독특한 방식으로 표현한다. 자기만의 세계가
뚜렷하고 뛰어난 언변과 임기응변 능력을 가졌다.
좋게 작용하면 예술적 재능이나 혁신적인 아이디어로 인정받지만,
부정적으로 작용하면 조직에 적응하지 못하고 구설수에 오를 수
있다.

정재(正財) | 월급, 안정적 재물

꾸준히 노력해서 얻는 안정적인 재물을 의미한다.
책임감이 강하고 성실하며, 계획적이고 합리적인 성향을 가졌다.
좋은 아내나 남편의 인연을 뜻하기도 한다.

편재(偏財) | 사업, 큰 재물

큰 규모의 재물이나 한 번에 들어오는 재물, 즉 사업적 재물을
의미한다. 활발하고 사교성이 좋으며, 투기나 투자에 재능을 보인다.
돈의 흐름을 읽는 감각이 뛰어나지만, 과감한 투자로 인해 재물
손실을 겪을 위험도 있다.

정관(正官) | 명예, 조직

사회적인 명예, 조직, 규범, 규칙을 의미한다.
도덕심이 강하고 책임감이 투철하며, 원칙을 중요하게 생각한다.
공직자나 조직의 리더와 같은 명예로운 자리에 오르는 경우가 많다.

편관(偏官) | 권력, 도전

정관과 달리 도전과 권력, 카리스마를 상징한다.
남을 통솔하고 굴복시키는 힘이 강하며, 역경을 이겨내는 강인한
정신력을 가졌다. 군인, 경찰, 검사 등 강한 권력을 다루는 직업에
유리하며, 사업가나 정치인으로도 성공할 수 있다.

정인(正印) | 학문, 자격증

꾸준히 배우는 학문이나 자격증을 의미하며, 어머니의 사랑과 같이
나를 보호하고 지원하는 기운이다. 사려 깊고 온화하며, 인내심이
강해 꾸준히 노력하여 결국 성공에 이르는 경우가 많다.

편인(偏印) | 전문성, 비주류 학문

비주류 학문이나 독특한 재능을 의미하며, 뛰어난 직관과 촉을
가졌다.
좋게 작용하면 번뜩이는 아이디어와 전문성을 바탕으로 성공을
거두지만, 부정적으로 작용하면 변덕스럽고 의심이 많은 성향을
보일 수 있다.

2. 많이 사용하는 신살

신살은 사주에 길흉화복을 예측하는 보조적인 요소이다.
이는 '맹목적으로 받아들여야 하는 운명'이라기보다, 개인이 가진
성향이나 삶에서 자주 마주하는 특정한 현상을 상징하는 것으로
이해하는 것이 좋다.

역마살(驛馬殺)

이동과 변화를 상징한다. 한곳에 머무르기보다 끊임없이 움직이는
것을 좋아하며, 여행, 출장, 이사, 해외와 관련된 직업에 인연이 있다.

도화살(桃花殺)

인기를 상징한다. 매력과 끼가 넘쳐 주변 사람들의 시선을 끄는
능력이 뛰어나다. 연예, 예술, 홍보 등 사람의 인기를 먹고 사는
직업과 관련이 깊다.

천을귀인(天乙貴人)

하늘에서 내려준 귀한 사람의 도움을 상징한다. 힘들고 어려운
순간에 조력자나 귀인을 만나 위기를 극복하는 행운을 뜻한다.

백호살(白虎殺)

강한 기운과 돌발적인 사고를 상징한다. 추진력과 카리스마가
뛰어나지만, 예기치 않은 사건이나 사고, 질병 등을 겪을 수 있다.

괴강살(魁罡殺)

비범한 리더십과 강한 카리스마를 상징한다. 일반인보다 뛰어난 능력을 가졌으며, 강한 신념으로 어떤 일도 밀어붙여 성공으로 이끈다.

양인살(羊刃殺)

강한 기운과 과도한 경쟁심을 상징한다. 독립심이 강하고 자신의 뜻을 굽히지 않아, 성공과 실패의 폭이 크게 나타난다.

홍염살(紅艶殺)

은은한 매력과 이성을 끄는 힘을 상징한다. 도화살처럼 화려하지는 않지만, 스스로의 매력을 알고 은근하게 드러내 이성의 마음을 사로잡는다.

화개살(華蓋殺)

예술적 재능과 고독을 상징한다. 화려했던 과거를 덮는다는 의미로, 예술, 종교, 학문 분야에 재능이 있으며 사색을 즐기는 성향이 있다.

원진살(元嗔殺)

서로 미워하고 증오하는 관계를 상징한다. 원진살이 있는 사람과 만나면 이유 없이 다투거나 불편한 관계를 겪을 수 있다.

천의성(天醫星)

치유와 의료에 대한 재능을 상징한다. 의사, 약사, 간호사 등 사람의 병을 고치는 직업이나 상담, 심리 치료 등 사람의 마음을 치유하는 분야에 인연이 있다.

문창성(文昌星)

뛰어난 학문적 재능과 총명함을 상징한다. 말과 글솜씨가 뛰어나며, 시험운이 좋고 학문적 성취가 큰 경우가 많다.

고란살(孤鸞殺)

외로운 새와 같은 고독을 상징한다. 배우자 인연이 약해 결혼 생활이 순탄치 않거나, 독신으로 사는 경우가 많다.

고신과숙(孤辰寡宿)

고신살은 남자의 고독, 과숙살은 여자의 고독을 상징한다. 홀로 외롭게 지내는 성향이 있으며, 배우자나 이성과의 관계가 원만하지 않을 수 있다.

3. 오행별 직업 분류

① 목(木)의 기운이 강한 직업

목木은 위로 뻗어나가는 기운으로, 성장과 교육, 창조를 상징한다. 또한 사람들을 키우고 보살피는 특성이 있다.

* **교육/육성**: 교사, 교수, 컨설턴트, 멘토, 트레이너, 작가

* **창의/기획**: 기획자, 디자이너, 광고업, 출판업, 건축가, 인테리어
  디자이너
* **생명/활용**: 농업, 원예, 임업, 의류업, 제약업, 한의사

② 화(火)의 기운이 강한 직업

화火는 타오르는 기운으로, 빛과 열정, 명예를 상징한다.
사람들의 시선을 집중시키고, 문화를 창조하는 특성이 있다.

* **언론/방송**: 방송인, 아나운서, PD, 연예인, 유튜버, 기자
* **예술/문화**: 배우, 가수, 미술가, 음악가, 공연 기획자
* **활발/활동**: 스포츠 선수, 외교관, 영업직, 군인, 경찰, 정치인, 셰프

③ 토(土)의 기운이 강한 직업

토土는 모든 것을 포용하는 기운으로, 중개와 안정, 신뢰를 상징한다.
사람과 사람, 사물과 사물을 연결하고 조절하는 역할을 한다.

* **중개/관리**: 부동산, 중개사, 금융업, 은행원, 공인회계사
* **포용/조율**: 사회복지사, 상담사, 심리학자, 종교인
* **건축/토지**: 건축업, 토목업, 조경업, 건축가, 건설 관련 직업

④ 금(金)의 기운이 강한 직업

금金은 단단하고 날카로운 기운으로, 결단과 의리, 정확성을
상징한다. 질서를 세우고 가치를 창출하며, 전문성을 추구하는
특성이 있다.

* **금융/재정**: 은행원, 회계사, 금융투자전문가, 증권 분석가
* **법률/기술**: 판사, 검사, 변호사, 세무사, 의사, IT 개발자, 공학자
* **가공/정밀**: 기계공학, 보석 세공, 자동차 제조, 금속 관련 직업

⑤ 수(水)의 기운이 강한 직업

수水는 흐르는 기운으로, 유연성, 지혜, 소통을 상징한다.
새로운 정보를 받아들이고 전달하며, 비밀스러운 정보를 다루는
특성이 있다.

* **정보/소통**: IT, 통신, 물류, 기자, 여행업, 통역가
* **지혜/심층**: 철학가, 역술가, 심리학자, 연구원. 컨설턴트
* **유통/관리**: 무역업, 해양 관련 직업, 주류업, 유흥업

제 2 부

사주 공부, 왕도王道는 있다

'공부하다 죽어라'

사주 공부를 시작했을 즈음, 합천 해인사로 템플스테이를 갔다.
말사인 원당암을 찾았을 때, 죽비 형상의 대형 비석이 발길을
잡았다. 비문에는 '공부하다 죽어라'는 글귀가 새겨져 있었다.
이 경구驚句는 조계종 종정까지 지내신 혜암 스님께서 남기신
가르침이다. 스님께서는 '장좌불와長坐不臥'를 평생 실천하신
그야말로 목숨을 걸고
공부하신 분이셨다. 그
말씀은 깨달음을 향한
구도자에게 던지는
섬뜩한 경고였다. 진정한
공부란 나라는 껍데기, 곧
아집我執을 죽여 없애는
과정이라는 선언이었다.
순간 '앞으로 내가
하는 사주 공부가 쉽지
않겠구나.'라는 생각이
뜬금없이 떠올랐다.

1장

공부하면 할수록
더 헷갈리는 이유

PD

혜암 스님의 '공부하다 죽어라'는 문구가 왜 신의 명령, 하나님의
계시처럼 느껴졌을까요? 앞으로 걸어가야 할 길을 알려주는
하늘의 소명처럼 다가왔습니다. 벼락 맞고도 살았는데, 공부하다
죽게 생겼어요.

命

음, 스님 말씀이 비수보다 날카롭구나.
역학易學에는 기미幾微[1]라는 개념이 있네. 보이지 않는 변화의 가장
작은 실마리라는 의미지. '운명의 바퀴가 굴러가기 시작하는' 그
찰나의 암시일세. 그래, 사주 공부를 시작해보니 어땠나?

PD

명리학을 처음 접할 때, 마치 사막에서 오아시스를 발견한
기분이었습니다. 막연한 공포로부터의 해방감과 새로운 가능성에

대한 설렘이 너무 컸습니다. 사주를 알면 운명의 굴레에서 벗어날 수 있을 것 같았고, 아직 내 삶의 가장 좋은 순간은 오지 않았다는 확신이 들었으니까요. 그 시작은 창대했는데.

命

명리학에 입문하면 우리는 호기심 반, 두려움 반에 사로잡힌다네. 나 자신을 더 깊이 이해하고자 하는 욕구와 천기天氣를 깨칠 수 있을까 하는 걱정이 교차하지.
불법佛法을 이루는 만큼이나, 사주 공부도 죽을 때까지 해도 끝이 없는 길이라네. 자네는 그때 돌아섰어야 했어. 이미 늦었다네. 죽기 살기로 공부할 수밖에.

길을 잃어야 비로소 보이는 길

PD

공부에 대한 열정은 깊어지는데 어느 날부터 헷갈리기 시작했습니다. 방대한 고서, 수많은 이론, 서로 모순되는 해석들 속에서 '내가 제대로 가고 있는 걸까?'라는 의문에 봉착했습니다. 제가 아둔해서일까요?

命

사람은 처음에 조금만 배워도 '자만심의 봉우리'에 쉽게 도달하여 모든 걸 다 안다고 착각하게 된다네.

초심자는 몇 가지 용어와 비법만 알아도 주변 사람들의 운명을
능수능란하게 맞출 수 있다고 자신하게 되네. 도화살桃花殺을
습득하고 나서는 이런 말을 서슴지 않지. "너는 도화살이 강하니
이성 관계가 복잡할 거야. 네 운명은 이미 정해져 있어!"라며 단어
하나로 상대방의 인생을 재단하는 오만에 빠진다네.

그런데 이 자만심은 오래 가지 못해. 곧 자신이 외운 공식이 통하지
않는다는 걸 알게 되니까.
재성財星이 사주팔자에 가득한데도 평생 돈을 모으지 못하고
가난한 사람을 만나거나, 관성官星이 하나도 없는데도 조직을
이끄는 CEO를 마주하는 순간, 지금까지 달달 외웠던 모든 공식은
무용지물이 될 걸세. 오아시스가 아니고 신기루였던 게야.

PD

바로 심리학의 '더닝-크루거 효과 Dunning-Kruger effect[2]'에서 말하는
'절망의 계곡'에 빠졌다고 하는 거군요?

命

명리학의 지식은 거대한 산과 같다네.
산을 오르는 초기에는 길도 표지판도 명확하여 속도가 붙지.
하지만 어느 순간부터 길은 사라지고, 사방이 안개로 뒤덮이며
갈피를 잡지 못하게 될 거야.
이런 혼란은 자신의 지적 능력이 부족해서가 아닐세. 오히려
진실을 찾으려 파고들었기에 겪는 일종의 깨달음으로 가는

필수 관문이야. 공부를 계속하여 지식이 쌓일수록, 자신이 얼마나
무지한지를 알게 되는 게지.

명리학의 길에서 '헷갈림'의 늪에 빠진다는 것은, 이제 막 표피적인
기술術을 넘어 깊은 원리學로 파고들기 시작했다는 긍정적인
신호탄이란다. 지식의 덫에서 빠져나와야 혜안慧眼이 열린다네.

술術이 학學을 이끌 때 공부는 실패한다

PD

'꿩 잡는 게 매'라고 없는 머리 쥐어짜서 달달 외웠는데, 왜
실전에서는 꽝일까요?

命

초학들이 흔히 가지는 불만이 "사주명리는 왜 이렇게 외울 게
많아요?"일세.
명리학의 근본을 담은 고전『연해자평』만 펼쳐보더라도, 격국의
종류는 100여 개, 신살은 120여 개가 넘는다네. 현대에 와서
명리학파가 늘어나면서 그 숫자는 더욱 불어났어.
만약 사주명리학이 이 수백 가지의 복잡한 용어를 모두 외워야만
하는 암기 과목이라면, 평생을 공부해도 길을 잃을 수밖에 없겠지.

사주명리학은 수천 년간 수많은 사람의 운명을 관찰하여 축적된 통계잖아요? 따라서 사주를 해석하려면 수많은 임상 사례를 암기하고 패턴을 외우는 게 당연한 거 아닌가요?

통계학과 명리학은 세상을 바라보는 근본적인 방식에서 충돌한다네.

통계학은 귀납적 추론으로 수많은 데이터를 모아 패턴을 찾고, 그 패턴을 통해 보편적인 '무엇'을 예측하지. 즉, 100만 명의 사주와 인생을 분석하여, "이러한 구조가 있으면, 70%의 확률로 저러한 현상이 발생하더라"라는 경험적 사실에 기반하는 걸세. 이는 **'밑에서 위로' 지식을 쌓아 올리는** 방식이야.

반면 명리학은 연역적 추론으로 '우주 만물은 음양오행의 원리를 따른다'라는 거대한 대전제에서 출발하여, 그 원리를 개별 사주에 적용해 '왜' 그러한 운명적 현상이 발생하는지 논리적으로 추론한다네. 이는 **'위에서 밑으로' 진리를 파고드는** 방식일세.

비유하자면, 영어 문법을 모른 채 100만 개의 문장을 통째로 외우려는 것과 같은 거군요. 문법을 모르면, 새로운 단어를 만날 때마다 좌절하게 되니까요. 명리학은 외워서 알 수 있는 학문이 아니었어요.

정확해. 명리학이 '공부하면 할수록 더 헷갈리는 이유'는 이 학문의 두 가지 핵심축인 '학^學'과 '술^術'의 균형이 무너졌기 때문이네. 대부분 학습자는 '빨리 답을 맞히고 싶다.'는 욕심 때문에, 통계적 확률이나 암기된 사례^術부터 손을 대지. 그들은 수많은 사주 사례를 외우려 하지만, 근본적인 문법^學을 모른다네. 그러므로 사례가 조금만 비틀어져도 두손 두발을 들게 될 걸세.

이치^學를 깨친 명리학자는 굳이 수많은 임상 사례를 외우려 애쓸 필요가 없다네. 그들은 사주팔자라는 여덟 글자를 보는 순간, 그 글자들이 우주의 보편적인 원리 안에서 어떻게 움직일지, 어떤 갈등과 조화를 겪을지 즉각적으로 파악할 수 있기 때문이네.

명리학의 혼란을 끝내려면 '**선 학^學, 후 술^術**'의 순서를 지켜야 하네. 술수라는 수많은 암기 사례에 매달리기보다, 학이라는 음양오행의 근본 이치^{理致}와 문법부터 깨우쳐야 할 걸세.

八字의 껍데기를 벗겨라

입문자 시절, 갑목^{甲木}을 '아름드리나무', 병화^{丙火}를 '태양', 정화^{丁火}를 '촛불'로만 알았습니다. 겉으로 드러난 이미지에만 붙들려 결국 '숫자 세기'의 함정에 빠졌었죠.

命

명리학 공부에서 '공부하면 할수록 헷갈리는 절망의 골짜기'에
빠지는 건 명확한 이유가 있다네. 바로 사주팔자 여덟 글자를,
암기해야 할 고정된 기호로 취급했기 때문이야.

자네가 한 글자의 껍데기에만 외우려 할 때, 임수壬水를 보고
'바다'라는 단순한 물상에 갇히게 되네. 임수를 가진 사람을
만나면 단순히 '스케일이 크고 지혜롭다'라고 해석하겠지. 하지만
이치理致를 깨치면 임수가 가진 '모든 것을 품고 새로운 것을
만들어내는 근원적인 힘'을 읽어내어, 큰 그림을 보는 능력, 깊은
통찰력, 지혜로운 처세 등 수많은 형태로 해석의 폭을 넓힐 수
있을 거야.

PD

사주명리학은 껍데기만 외우는 공부로는 결국 실패로 돌아갈
수밖에 없군요.

命

명리학은 암기된 껍데기를 버리고, 하나의 글자가 가진 수천
가지의 에너지와 의미를 파고드는 철학일세.
명리 공부의 왕도王道는 눈앞에 보이는 8개의 글자 뒤에 숨겨진
음양오행의 가장 근원적인 설계를 파고드는 데 있다네. 그것이
바로 천간天干과 지지地支의 22글자가 가진 '자의字意의 비밀'이네.

"위대한 진리는 단순하다. 단순함이야말로 위대한 진리이다."

— 에리히 프롬 Erich Fromm, 사회 심리학자

. . .

1. **기미幾微**: '보이지 않는 변화의 가장 작은 실마리', 큰 사건이나 변화가
   일어나기 전, 미리 감지되는 미묘한 기운이나 징조.

2. **더닝-크루거 효과**Dunning-Kruger effect: 특정 분야에 대한 지식이 부족한
   사람이 자신의 능력을 '과대평가'하는 인지 편향을 의미한다. 명리학에서는
   몇 가지 술수術만으로 모든 것을 안다고 '자만심의 봉우리'에 오르지만, 곧
   공식이 통하지 않는다는 사실을 깨닫고 '절망의 골짜기'에 빠지는 현상으로
   나타난다. 명리학 공부는 이 덫에서 벗어나 근본적인 이치學를 깨치는
   과정이다.

2장

천간과 지지는
노는 물이 다르다

하도河圖와 낙서洛書, 하늘과 땅의 근본 질서

명리학에서는 천간天干과 지지地支의 작동 원리를 이해하는 데 동양
철학의 근간인 하도河圖와 낙서洛書[1]의 원리를 적용한다. 이 둘은
단순히 숫자의 배열이 아니라, 우주 만물의 생성과 변화를 담은
'하늘과 땅의 설계 도면'이다.

하도는 만물이 생겨나는 근본體이자, 하늘의 기운天干처럼
순수하게 **순환**하고 **생**生하는 원리를 담고 있다. 천간은 정신적인
영역에서 '생生과 극剋 그리고 합合'이라는 에너지의 순환을
일으킨다.

낙서는 만물이 현실에서 쓰이는 과정用이자, 땅의 기운地支처럼
공간적 배치 속에서 **충돌**하고 **변화**하는 원리를 담고 있다. 지지는
현실적인 영역에서 '형刑, 충沖, 회會, 합合'과 같은 물리적인 사건을

일으키며 구체적인 변화를 만들어낸다.

기본基本이 처음이자 마지막이다

PD

1장에서 사주명리학이 복잡한 통계나 암기된 술術이 아닌,
음양오행이라는 근본 이치學를 깨치는 학문임을 다시금
깨달았습니다. 그렇다면 이 이치를 알 수 있는 명리학의 알파와
오메가는 무엇입니까?

命

자네 혹시 나에게서 엄청난 비급祕笈이 나오길 기대하겠지만, 답은
언제나 기본基本에 있다네.
명리학의 바다에서 길을 잃지 않으려면, 가장 기본적인 22개의
글자부터 다시 정립해야 하네. 사주팔자를 이루는 여덟 글자 중
네 글자는 천간天干, 나머지 네 글자는 지지地地로 나뉘지. 이
22개의 글자야말로 운명의 설계도를 알아내는 단 하나의
코드일세.

PD

귀에 딱지가 앉겠습니다. 초딩 취급하지 마시고, 진도를 빨리
빼시죠.

대부분 학습자는 이 천간과 지지를 그저 '여덟 글자'라는 하나의 묶음처럼 공부할 걸세. 그러나 이 둘은 '하늘'과 '땅'이라는 이름처럼 그 **작용과 의미가 '노는 물'이 완전히 다르다네**. 이 차이를 이해하는 거야말로 명리 공부의 혼란을 끝내는 첫걸음일세.

천간 10글자는 하늘의 기운天의 氣이자, 인간의 정신적 지향점과 삶의 태도를 상징하네. 이 10개의 코드는 목木·화火·토土·금金·수水라는 다섯 가지 속성이 각각 양陽과 음陰의 기운을 갖는 것으로 구성되어 있지.
천간은 눈에 보이지 않는 무형의 에너지야. 자녀의 사고방식, 가치관, 꿈, 이상 그리고 대외적으로 드러나는 표면적인 태도를 결정하는 영역일세.

사주팔자 중 일간日干은 곧 나 자신을 상징하는데, 이 일간이 바로 천간의 글자 아닌가. 천간은 '나는 무엇을 지향하며 살고 있는가?'라는 질문에 답하는 영혼의 이정표라네.

뭐, 일단 알겠고요. 지지는 12개의 동물띠로 이루어져 있다는 것 외에, 명리학적으로는 무엇을 나타내죠?

지지 12글자는 땅의 기운地의 氣이자, 발을 딛고 살아가는 현실적인 환경과 행동을 상징한다네. 흔히 궁宮이나 집家이라고도 부르지.
이 지지는 천간처럼 단순하지 않고, 시간의 흐름과 공간의
복합성을 그대로 담고 있네.
배우자궁, 직업궁, 부모궁 등 현실적인 삶의 공간을 나타내고, 또한
1년 12개월이라는 시간의 축을 담당하며, 계절의 변화에 따른
에너지의 역동적인 흐름을 보여주지.

무엇보다 지지 속에는 지장간地藏干이라는 숨겨진 천간의 기운들이
복잡하게 섞여 있다네. 예를 들어, 인寅 속에는 甲목, 丙화, 戊토가
함께 들어 있듯이, 하나의 지지는 다양한 에너지와 사건의 씨앗을
품고 있지.

하늘은 순수하고, 땅은 복합적이다

PD

천간과 지지는 아예 다른 언어를 쓰는 셈이군요. 그런데 천간은
10개인데 지지는 12개로 2개가 더 많습니다. 왜 그렇죠?

命

그건 말이야, **'10과 12의 불균형'** 속에 명리학의 비밀이 숨겨져
있다네. 이 숫자의 차이는 하늘의 이상理想과 땅의 현실現實을
결합하려는 우주적 설계일세.

천간은 오행이 음양으로 나뉘니 10개가 되지만, 지지는 천간처럼
4계절이 음양으로 나뉜 8개의 기운봄 2. 여름 2, 가을 2, 겨울 2만으로는
부족하다네. 땅의 현실에서는 '이 계절의 기운을 다음 계절로
저장하고 전환'하는 장치가 반드시 필요하지. 바로 진辰, 술戌, 축丑,
미未, 이 4개의 지지일세.

이들은 사고四庫2, 네 개의 창고 또는 사계절의 환절기라고 불려.
진辰은 봄木을 끝내고 여름火으로 넘어가기 위혜 목木의 기운을
저장하는 땅.
미未는 여름火을 끝내고 가을金로 넘어가기 위혀 화火의 기운을
저장하는 땅.
술戌은 가을金을 끝내고 겨울水로 넘어가기 위해 금金의 기운을
저장하는 땅.
축丑은 겨울水을 끝내고 봄木으로 넘어가기 위해 수水의 기운을
저장하는 땅.

이 진술축미辰戌丑未 4개의 토土 덕분에 천간 10글자의 이상적
순환이 땅에서 현실적이고 역동적인 순환으로 완성될 수 있는
거야. "토를 알면 사주학의 30~40%를 아는 거다"라고 말할
정도로 그 변화가 복잡하고 득실得失을 가름하는 중요한 역할을
한다네.

천간은 생극제화生剋制化, 지지는 형충회합刑沖會合

PD

천간과 지지의 숫자가 다른 이유를 듣고 보니, 이 둘을 같은 잣대로 볼 수 없다는 게 명확해졌습니다. 그렇다면 천간과 지지가 노는 물이 다르니, 그 작용하는 법칙 또한 근본적으로 다르겠군요?

命

명리의 고전『옥정오결玉井奧訣』'사주를 간명하는 방법론'에 이런 구절이 있네. **'천간은 오직 생극제화로 논하고 지지는 오로지 형충파해로 논한다.'** 天干專論生剋制化 地支專取刑沖破害

천간의 글자들은 생극제화生剋制化라는 이치를 따라 작용하네. 기운과 기운이 서로 돕고生, 통제하고剋, 조절하고制, 변화하는化 관계를 통해 정신적인 영역의 소통과 갈등을 일으키지.
천간은 기氣의 영역이므로, 충돌이나 파괴보다는 조절과 변환에 중점을 두네. 그래서 천간에서 글자끼리 부딪칠 때 '극剋'이라고 부르지, '충沖'이라는 물리적 용어는 사용하지 않는다네.

PD

아직도 역술 현장에서는 '갑경충甲庚冲'이니 '정계충丁癸冲'이니 하는 말들이 많이 쓰이고 있는데요?

맞아. '천충지충_{天冲地冲}'이라는 말도 아무 생각 없이 쓰이고 있어. '천극지충_{天剋地冲}'이 올바른 표현이야. 천·지의 두 작용을 혼용하여 해석하는 순간, 명리학은 이치_{理致}를 잃고 헷갈리는 학문이 되고 말지.

지지의 운동성은 형충회합_{刑冲會合}이라는 현실적이고 물리적인 작용으로 나타나네. 형_刑은 갈등과 트러블, 충_冲은 정면충돌과 분산, 회_會는 대규모 만남, 합_合은 결합과 묶임을 의미하지. 시간과 공간의 실제적인 변화를 설명한다네. 지지는 물질적이고 현실적인 영역이기 때문에, 글자들이 서로 만나 물리적 충돌_冲이나 법적인 갈등_刑과 같은 사건을 일으켜. 이러한 지지의 작용은 이사, 직장 변동, 사고, 관계의 단절처럼 현실적인 변화로 나타나는 걸세.

지지의 작용은 형충회합으로 풀어야지, 천간의 생극_{生剋} 논리로 단순하게 대입할 수 없다네. 유금_{酉金}이 묘목_{卯木}을 극한다거나, 진토_{辰土}가 신금_{申金}을 생한다고 말하는 사람은 지지의 원리를 모르는 까막눈일세. 자수_{子水}는 묘목을 생하는 게 아니라 자묘형_{子卯刑}이 되네.

원로 역술인의 오류

PD

이런 논리라면 '천간과 지지가 서로 생극生剋한다'라고 보는
것도 엉터리 관법이 되는군요. 그런데 일전에 50여 년의 경력을
자랑하는 원로 역술인이 지지의 충沖을 극剋으로 해석하던 기억이
납니다.

時柱	日柱	月柱	年柱
비견	본원	식신	편관
癸	癸	乙	己
丑	巳	亥	酉
편관	정재	겁재	편인

"월일지에서 사해충巳亥沖이 일어난다. 충은 방향이 중요하다.
월지가 일지를 수극화水剋火로 충하므로, 배우자 자리인 일지
사화에 문제가 발생한다."
설명이 잘못된 거 아닌가요?

命

으음, 이 바닥에 오래 있었다면 제자들이 꼬리를 이을 텐데,
충격적이군.
사해충은 단순히 '물水이 불火을 끄는 수극화水剋火'의 싸움이
아닐세.
배우자궁에 물리적인 충돌沖로 뭔가 사건이 일어나겠지만, 충이

발생한다고 무조건 나쁘게만 보면 안 되네. 이차적인 변화를 통해 득得이 될 수도, 실失로 나타날 수도 있어.

천간과 지지의 태생적 차이를 모르고 있다니, 놀라운걸.

PD

선생님께만 귀띔하는데, 사실 이분은 '갑경충甲庚冲'이라는 표현도 썼어요.

命

명리 용어를 부정확하게 쓴다는 건 '그 작용과 변화를 엉터리로 알고 있다는 자기 고백'에 다름 아니야. 명리학의 기본 원리인 천극지충天剋地冲을 명확하게 이해해야만, 복잡한 사주 구조 속에서 '정신적 갈등'과 '현실적 사건'을 바르게 구분하여 통변할 수 있을 걸세.

수많은 임상 사례를 암기하기 전에, 핵심적인 이치를 먼저 깨치는 것이 명리 공부의 왕도王道일세.

"知所先後 則近道矣" 지소선후 즉근도의

무엇이 먼저이고 무엇이 나중인지를 안다면, 이는 도道에 가깝다.

─『대학大學』

• • •

1. **하도河圖와 낙서洛書**: 각각 중국 황하와 낙수에서 유래했다고 전해지는 고대
   신화적 그림으로, 우주의 질서와 자연의 이치를 상징하는 수리와 도식의
   원조로 여겨진다.
   하도河圖는 약 5,000~5,500년 전 황하에서 용마의 등에 찍힌 반점에서
   발견된 그림으로, 복희씨가 이를 보고 팔괘八卦를 창시했다고 전해진다.
   낙서洛書는 약 4,200년 전 하夏나라 우 임금이 낙수에서 거북의 등에 나타난
   45개 점에서 발견했다고 전해진다.

2. **사고四庫**: 진술축미辰戌丑未는 오행의 기운이 저장되는 네 개의 창고四庫,
   사고를 의미한다. 이 창고들은 사주 내 오행의 작용력을 조절하거나, 운에서
   형충刑沖이 일어날 때 기운이 입고창고에 들어감되거나 개고창고에서 나옴되는
   역할을 한다.

3장

고서에 매달리지 마라

이리 갈까, 저리 갈까, 차라리 돌아갈까?

사주를 열면 맨 처음 태어난 달月과 일간을 본다. '모월 모
일간이군.'
다음엔 격을 잡는데, 월지月支에서 투간透干한 글자로 잡아야 할지,
투출透出한 글자인지 아니면 월령의 본기本氣가 맞는지 헷갈린다.

이어 신강·신약身强·身弱을 본다. 강약이 뚜렷하면 한시름 놓지만
대부분 아리까리하다. 간지마다 점수를 부여한다. 월지 30점, 일지
20점, 나머지는 10점, 총점 100점 중 50점이 넘으면 신강 사주다.
산수算數까지 동원하여 신강·신약에 목매는 까닭은 용신用神을
잡기 위해서다. '신약하면 인비印比가 용신이고, 신강하면
식재관食財官이 용신'이 된다. 이때 일간을 제외한 7글자는
피아彼我로 나뉘게 된다. 한번 적군으로 낙인찍히면 평생 죽일
놈이다.

희신·기신 구분을 마치니, 운運 보기가 누워서 떡 먹기다. "화火가
용신인데, 사오미巳午未 화방운火方運이 들어오니, 앞으로 30년간
승승장구乘勝長驅, 명리양전名利兩全, 운수대통運數大通이다."

산을 오르는 길은 여러 갈래다

PD

제가 초학 때 겪은 시행착오입니다. 아, 결국 세월만 허비했습니다.

처음에는 구름 위를 걷는 기분이었습니다. 읽어봐도 당최 알
수 없는 「우주 변화의 원리」를 호위무사처럼 옆구리에 낀 채,
3대 고전인 『자평진전』『적천수』『궁통보감』의 초식을 하나씩
익혔습니다. 넘어지고 뒹굴어도 마냥 신났습니다. 절정 고수가 된
내 모습을 상상하는 것만으로 마냥 행복했습니다.

그런데 말입니다. 공부량이 늘어날수록 눈앞은 점점
어두워졌습니다. 노력이 부족해서인가 스스로 다그쳐도 봤지만,
안개는 걷히지 않았습니다.

命

어이쿠, 자네가 고생이 많았군. 대다수가 입문 때 겪는 홍역이니
너무 개의치 말게나.

명리산을 오르는 길은 여러 갈래일세. 고서古書부터 손에 쥔
건 '고서에 적혀 있으니 무조건 옳다'라는 믿음에서겠지. '정통
루트'라는 가이드의 안내에 따라 걸음을 재촉하니 휘파람이 절로
나왔을 거야. 그러나 산을 오를수록 운무가 짙어지면서 마침내
길은 끊어지고 절벽이 앞을 막게 돼. '길을 잃는 길'이었어.

방송 프로그램 만드는 일도 쉽지는 않지?

PD

'정답正答이 없는 프로그램'을 만드는 PD에게는 제작 전 과정이
한 치 앞도 보이지 않는 가시밭길입니다.
특히 촬영 현장은 초짜 PD에겐 지옥문이 열립니다. 진두지휘해야
하나 아는 것도, 경험도 없으니 선배 카메라 감독 뒤에 숨습니다.
좌충우돌 끝에 그림을 담아냅니다만 편집기 앞에 앉으면
그토록 고맙던 카메라 선배에게 육두문자를 날리기 시작합니다.
'뭐 이따위로 그림을 찍었어?' 자기 주제도 모르면서 허공에
주먹질합니다. 우여곡절 끝에 방송이야 나갑니다만 시청자께는
송구스러운 마음이죠.
아휴, 이야기를 다 하려면 천일야화를 써야 합니다.

命

사주 공부나 프로그램 제작이나, 세상에는 어느 하나 쉬운 일이
없군.
그러면 자네는 PD로서 언제 프로그램 제작에 눈을 떴나?

PD

아니, 이거 주객이 바뀐 거 아닌가요?

휴먼 다큐멘터리 〈피플 세상속으로〉를 제작할 때였습니다. PD로
입문하면 제일 먼저 맡는 장르이기도 하지만, 가장 어렵기도
합니다. 매번 우왕좌왕 헤매는 게 다반사였는데, 어느 순간 아이템,
기획 의도, 구성이 한눈에 들어왔습니다. 눈앞이 환해졌어요.
햇수를 세어 보니, 만 15년이었습니다.
그때 깨달은 답은 대단한 게 아니었습니다. **"프로그램의 주인은
내가 아니고 시청자다."** 바로 이 문장 하나였습니다.

命

저잣거리에서는 '6개월이면 나와 가족 사주를 보고, 1년이면 남의
명도 볼 수 있다'라는 달콤한 말로 호객행위를 하더군. 허허 참,
이 공부가 그렇게 쉬우면, 누구나 도사 소리 듣지. 일이든 공부든
지름길은 없어.

'고서에 매달리지 마라'는 말은 선현들의 지혜가 담긴 고서의
권위를 부정하라는 건 아닐세. 그 고서에 담긴 지식을 대하는
우리의 '태도'를 바꾸라는 뜻이지. 고서에 매달리는 사람들은 그
속에 운명을 관통하는 비밀스러운 답祕傳이 숨겨져 있을 거란
환상을 갖고 있다네.

고서에 쓰인 이론이 아무리 옳을지라도, 그것은 과거 신분 사회,
농경 사회의 해석 틀에 갇힌 죽은 글자야. 고서를 맹목적으로

받아들이는 순간, 자네를 가두는 감옥이 되어 오히려 공부를
방해하지.

나는 입문자가 고서로 이 공부를 시작하는 건 반댈세.

자평진전, 성격成格 패격敗格, 뭣이 중헌디?

명리학 고전 『자평진전子平眞詮』에서 격국론格局論을 공부하다
보면 '성격成格이면 길吉하고, 패격敗格이면 흉凶하다'는 해석을
접합니다.

격국은 '그릇'을 알기 위함이니, 패격은 그릇이 작거나 깨졌기
때문에 출세와는 거리가 멀겠지요.

時柱	日柱	月柱	年柱
−	본원	정관	상관
?	壬	己	乙
?	子	丑	亥
−	겁재	정관	비견

時柱	日柱	月柱	年柱
−	본원	상관	정관
?	丁	戊	壬
?	丑	申	子
−	식신	정재	편관

둘 다 월지에서 정관이 투출하여 정관격입니다. 바로 옆에 상관이
있어 상관견관傷官見官으로 패격이 되었습니다.
전통적인 흉凶한 사주인데, 위는 블랙핑크의 제니이고, 아래는
1부 9장에 나온 유재석입니다.

命

관官을 중시하는 옛날 잣대로 보면, 상관견관은 '명예, 조직 또는
남편을 상하게 한다'는 의미일세. 따라서 조직 부적응, 구설수, 명예
훼손 등의 부정적인 결과를 가져오는 패격으로 분류했다네.

그러나 제니의 상관견관은 조직YG의 규율을 따르면서도
독창성상관을 잃지 않아 글로벌 아이콘이 되었고, 유재석의
상관견관은 강한 비판적 언변상관을 도덕성정관으로 승화시켜
국민 MC가 되었지.

격국론은 사주의 '그릇의 형태'를 알려줄 뿐, 그 그릇에 담긴
'운명적 재능'을 어떻게 활용할지는 오직 본인의 자유의지와
선택에 달려 있다네.
패격은 흉이 아니라, 그 사람이 반드시 극복하고 승화시켜야 할
'운명의 미션Mission'일세.

적천수, 종격병從格病에 들게 하다

『자평진전』이 경직된 격국론으로 초학자들을 흑백 논리에 가두는
함정을 만들었다면, 『적천수滴天髓』는 종격從格 이론으로 명리
공부에 또 다른 함정을 만들었습니다. 종격을 공부하다 보면 '사주
풀이가 조금만 어려워도 혹시 종격 아닐까?' 생각이 들 정도로
'종격병從格病'에 들게 됩니다.

1952년 10월 7일양력 오전 9시 30분균시차 보정[1] 적용

時柱	日柱	月柱	年柱
편관	본원	상관	편관
壬	丙	己	壬
辰	戌	酉	辰
식신	식신	정재	식신

태어난 시간이 경계시일세. 대다수가 계사시로 보는데, 태어난
지역인 상트페테르부르크의 균시차를 보정하면 임진시가 맞아.
블라디미르 푸틴 사주라네.

토의 세력이 강하여 일간의 설기가 심한 데 비해, 일간은
인비印比의 생조生助가 없어 종從할 수밖에 없다고 단정하는 해석이
많아.

하지만 병화 일간은 일지 술토에 뿌리를 두고 있어, 절대 종하지 않는다네. 종격 사주면 갑인 대운에 대통령이 된 걸 설명할 수 없어.

종격병에 걸린 역술인들은 화기火氣를 머금고 있는 술토戌土를 단순히 토로 보거나, 충을 당해 뿌리 역할을 못 한다고 주장하겠지. 일간이 독립적인 의지를 지킬 수 있는지를 판단하는 통근通根의 중요성을 간과하는 걸세.

PD

결국 『자평진전』의 격국 놀음이 '틀에 갇히는 함정'이라면, 『적천수』의 종격 놀음은 '예외에 집착하는 폐해'로 볼 수 있겠군요. 『자평진전』과 『적천수』는 지지의 작용에 대해서도 명확한 '이치적 답'을 제시하지 못하고 있습니다.

至於三刑取義, 姑且闕疑, 雖不知其所以然, 於命理亦無害也

지어삼형취의, 고차궐의, 수부지기소이연, 어명리역무해야

'刑을 취한 이유는 잘 모르겠지만, 모른다고 해도 명리의 판단에는 문제가 없다.'
— 『**자평진전**』 제11장 형충회합의 해법

支神只以冲爲重 刑與穿兮動不動 지신지 이충위중 형여천혜동부동

'지지에서는 단지 충冲을 중히 여기고 형과 천穿은 그다지 중요하지 않다.'

— 『적천수』 논지지

여기에 더해 임철초 선생은 '축오丑午와 인해寅亥의 해害는 모두
상생相生인데 어찌 害로 하리오? 형도 이미 신빙성이 부족한데
해는 더욱 그 논리가 이치에 닿지 않는다. 특히 파破라는 것은
더더욱 이치에 맞지 않으니 오로지 그들 모두를 생극生剋으로
논해야 함이다.'라고 주장했어요.

命

지지는 형충회합파해刑冲會合破害로 운동한다네. 지지의 복잡한
상호작용을 무시하고 천간의 논리인 생극으로만 해석하려는 시도
자체가 명리학의 본질을 왜곡하는 것일세. 후학들이 길을 잃게
만든 원흉이야.

명리학의 왕도는 고서古書의 문자文字 뒤에 숨겨진 이치理致를
역추적하는 데 있다네. '선현들은 어떤 시대적 배경과 원리를 보고
이 구절을 썼을까?'라는 질문을 던지며 비판적으로 통찰해야,
비로소 고서가 독립적인 지혜를 얻기 위한 발판이 되어줄 걸세.

"이미 알고 있다고 생각하는 것이 바로 배움을 가로막는다."
— 마르셀 프루스트 프랑스 문학가

· · ·

1. **균시차 보정**: 해시계로 읽은 시태양시와 기계적 시계로 읽은 평균태양시의
   차이를 보정해 정확한 태양 시간을 산출하는 작업

4장

선생에게 배우고,
스승을 버려라

황희 정승 사주, 권위가 낳은 소설

PD

명리학을 공부하다 보면 '이석영 선생의 『사주첩경』'처럼
대가大家의 저서를 접하게 됩니다. 이 책에는 조선시대 명재상
황희 정승의 사주 명식이 실려있습니다. 저 같은 초학자는 당연히
대가의 책에 언급되었으니 '이 명식은 진실이고, 이 해석은
정답이다'라고 믿을 수밖에 없겠지요.

그런데 이석영 선생이 풀이한 황희 정승의 사주가 틀린 사주일
가능성이 높다는 걸 알게 되었습니다. 고전의 권위로 포장된
엉터리 사주를 놓고, 명리학의 대가는 왜 소설을 썼던 것일까요?

命

청백리로 알려진 황희 정승의 사주는 『사주첩경』 권6 제99

삼기성상三氣成象 편에 나오네. 계묘년 을묘월 계사일 정사시癸卯年
乙卯月 癸巳日 丁巳時로 되어 있군. 그런데 황희 정승의 사주 명식이
틀렸다는 걸 어떻게 알았나?

PD

이석영 선생께서 황희 정승의 태어난 시간까지 어떻게 알았을까를
추적하는 과정에서『연해자평淵海子平』제2편 3장 복덕수기福德秀氣
편 제99주에 영의정 황희의 사주 명식이 적혀 있었고, 자강 선생은
여기서 옮겨왔을 거로 추정됩니다.

그런데 경기도 파주시에 영의정 황희 묘역이 있는데
신도비神道碑가 아래쪽에 세워져 있습니다. 비문에는 황희 선생의
출생일이 기록되어 있는데요.

**妣監門尉護軍龍宮金祐之女以元至正二十三年癸卯二月初十日
生公**
어머니는 감문위 호군 용궁監門尉護軍龍宮 김우金祐의 따님이며
원 지정至正 23년 계묘년공민왕 12, 1363년 2월 초 10일에 공公을
낳았다.

命

제 버릇 남 못 준다더니. 아냐, 미안.
연해자평에 적힌 명식의 생일은 2월 22일이니 차이가 있군. 2월
10일이 생일이면 계묘년 갑인월 신묘일癸卯年 甲寅月 辛卯日이 되네.

음, 청백리淸白吏 이미지와 달리 재물을 다루는 재격財格
사주로구나.

자네가 명리학계의 가장 고질적인 문제이자 '권위의 민낯'을
정확히 꿰뚫었네.
명리학자는 사주를 통해 현실의 팩트를 검증해야 하는데, 정해진
결론에 사주를 억지로 꿰맞춘 꼴이 되었군. 역술가와 소설가는 한
끗 차이야.

사주 공부, 선생 or 독학

PD

예전 선생도 대가의 서적을 맹신하고, 황희 정승 사주를
종아격從兒格으로 풀면서 소설 쓰기에 동참했습니다.
명리학 공부를 선생에게 사사하는 게 좋습니까? 아니면 독학이
낫습니까?

命

결론부터 말하자면, 초기에는 선생에게 배워 시간을 압축해야
하지만, 궁극적으로는 스승을 버리고, 스스로 통찰을 얻는 독학의
과정이 필요하다네.

명리학은 방대한 고전과 복잡한 용어가 얽혀 있어, 초학자는

어디서부터 시작해야 할지 길을 잃기 쉽다네. 혼자 공부하다 보면
잘못된 지식을 진리로 오해하고 수많은 시간을 낭비할 수 있지.
선생을 통해 이러한 초보적인 오류를 줄이고, 실전 상담 경험을
전수받아 통변 능력을 빠르게 습득하는 게 좋아.

그러나 결국에는 스승을 버리고 혼자 공부해야 할 걸세. 선생의
권위에 갇히면 그 선생의 아집과 편견 그리고 잘못된 지식까지
그대로 답습하게 되지. 황희 정승의 사례처럼 틀린 사주를 놓고도
소설을 쓰는 오류를 반복하지 않으려면, 스스로 비판적 사유를
통해 지식을 재검증해야 하네.

공부는 배우는 것이 아니라 깨닫는 것이다

PD

사실 마뜩한 스승을 만나기가 쉽진 않습니다.
제가 사사한 다른 선생은 통근通根[1]은 인성印星과 비겁比劫에 하니
'을목乙木은 해자수亥子水에도 통근한다'라고 가르쳤습니다. 이
잘못된 지식이 오랫동안 공부에 발목을 잡았습니다.

命

부나비처럼 선생 순례를 열심히 하셨군.
통근은 명리에 입문하면 제일 먼저 배우는데, 정확히 아는 사람이
의외로 많지 않다네.

통근은 방합方合과 삼합三合에 하는 거야. 을목은 인묘진寅卯辰과
해묘미亥卯未에 통근하지. 통근의 개념을 잘못 알면, 지지에서
펼쳐지는 형충회합의 작용을 깨칠 수가 없다네. 당연히 성패成敗와
득실得失을 헤아리는 운의 변화를 알 수가 없을 걸세.

PD

일간이 뿌리가 없으면 재물 인연이 약하고, 좋은 직장도 얻기
어렵다고 합니다. 그런데 주변에 보면 꼭 그렇지는 않습니다.

命

신강신약身强身弱에 관해 알고 싶은 거구나.
한 엄마가 중3 아이의 진로 적성을 궁금해하셨어.

時柱	日柱	月柱	年柱
식신	본원	정관	비견
壬	庚	丁	庚
午	寅	亥	寅
정관	편재	식신	편재

대다수 역술인은 '일간의 뿌리가 지지에 반드시 있어야 하며,
없으면 운에서 일간을 돕는 비견운이 들어와야 발복發福한다.'라고
주장하네.
그런데 이 아이는 뿌리가 되는 운이 80이 넘어서야 들어오는걸.
앞길이 구만리 같은 아이에게는 청천벽력 같은 사주 풀이가
되겠지.

PD

일간이 뿌리가 없으면 정체성이 약하니, 현실 감각이나 의지력이
부족하고 스트레스에 취약하다는데요. 이 아이는 진로를 어떻게
잡아야 하나요?

命

이런 사주팔자는 직접적으로 돈을 따라가면 뒷감당이 안 되니,
사업은 성공하기 어려워.
시간의 임수 식신이 월간의 정화 정관과 정임합丁壬合으로
운동하는 것이 아름다워. 조직에 소속되어 능력을 발휘하는
명이야.
공부를 아주 잘한다네. 금수상관격金水傷官格[2]이니 머리가
비상하겠지. 부모는 아이가 의사가 되기를 바라더군.

PD

일간은 약하면 재물을 취할 힘이 없으니, 무조건 신왕身旺해야
좋다는데요?

命

서당개 삼 년이면 풍월을 읊는다고 선생에게 배운 건 많군.

자네, 이 사주는 어떻게 보이는가? 재물 인연이 있을까?

時柱	日柱	月柱	年柱
편재	본원	정인	비견
辛	丁	甲	丁
亥	酉	辰	丑
정관	편재	상관	식신

PD

정화 일간이 뿌리가 전혀 없고 재성이 많습니다. 돈 욕심은 많지만, 내 돈이 아닙니다. 재다신약財多身弱[3]이라 부잣집에 가난한 하인입니다.

命

남의 명을 볼 때, 단정하는 버릇은 그다지 좋지 않네.
유튜브 한 달 수입으로만 1억 원을 번다는 구독자 1,250만 명의 먹방 유튜버 쯔양 사주일세.

본인이 밤 11시 25분에 태어났다고 밝혔으니 사주는 정확해.
정화 일간이 밤하늘에 반짝이는 별이 되니 글자 그대로 인기Star가 됐어. 시간의 신금辛金 편재가 늦가을의 잘 익은 과실이자 보석이요, 지지로는 유축酉丑 금 운동하니 여러 사람과 협력하여 꾸준히 재물을 만들어내는군.

PD

재다신약은 거지 사주라고 배웠는데, 고정관념이 깨지네요.

맞아. 사주를 볼 때, 강약을 따지기 전에 '쓰임'을 먼저 봐야 하네.
이 사주는 일간이 밤하늘의 빛이 되어 그 재물辛金, 보석을 빛나게
하는 구조야. 재물은 곧 콘텐츠였던 셈이지.

용신用神 때문에 용용 죽겠지

선생은 사주 풀이할 때 용신用神[4]부터 찾아야 한다는데, 용신의
종류가 많아서 뭐가 뭔지 모르겠습니다.

'신강·신약에 용신用神 타령'하다가 서산에 해가 지네.
용신의 종류로는 격국용신, 조후용신, 통관용신, 병약용신,
억부용신 등이 있어. 『자평진전』을 통해 격국을 공부하다 보면
격국용신이라는 말이 나오면서 '용신 찾기 놀음'에 발을 들이게
된다네.

격국용신은 체體[5]의 영역, 즉 적성, 진로, 직업 선택 및 그릇의
크기를 알기 위한 것으로, 사주 원국이나 대운에서 사용하네.
억부용신은 용用[5]의 영역, 즉 해당 기간의 길흉을 파악하기 위한
것으로, 세운에서 사용하지.

용신이란 용어에 혼선이 생긴 건『자평진전평주』를 쓴 서락오가 이
둘을 혼용해서 사용하면서부터야. 그리고 이 책을 공부한 선생들이
체·용을 구분하지 못한 채 제자들을 가르치지.
대가들의 잘못된 습관이 대물림되고 있어. 아득하구먼.

『사주는 없다』의 허무맹랑한 논리

PD

인터넷 자료, 블로그 글 그리고 시중에 쏟아지는 명리학 서적도
광의廣義의 선생이라고 생각합니다.
『사주는 없다』라는 책이 논리적 근거가 박약하여 명리학의 근본을
흐리고 있어 우려스럽습니다.

命

주장의 핵심은 '사주가 과학적이지 않고 역법이 변했기 때문에
믿을 수 없다'가 되겠군. 명리학을 10년 공부하고 깨달았다는데,
공부의 깊이가 얕고, 명리학의 근본 철학과 동떨어진 논리를
전개하고 있다네.

사주를 '과학'이라는 잣대로만 평가하는 것 자체로 일단 땡.
'역법이 바뀌었다'라는 주장은 서양의 달력이 시대에 따라 변한
걸 들고 와 사주를 비판하는 건데, 사주명리학의 가장 기본적인
근간을 모른 채 던지는 엉뚱한 소리일세.

사주의 핵심은 태양의 실제 위치를 기반으로 하는 24절기이며,
이는 천문학적 관측에 기반하므로 시대가 바뀌어도 변하지 않는
불변의 기준이라네.

PD

또 저자는 "우주 에너지가 진짜라면, 천문 현상에 따라 사주가
달라져야 한다"라고 주장합니다.

命

명리학은 태어난 시점의 태양과 지구의 관계를 '목화토금수'라는
상징체계로 모델링한 거야. 명리학이 철학적 도구라는 걸
간과하고, 마치 물리 법칙처럼 오인하고 비판하는 걸세.
일전에 어느 이름난 물리학 교수도 사주의 경우의 수를
60×60×60×60이라고 하더군. 60년 × 12월 × 60일 × 12시
= 518,400인데 말이야. 가장 기초적인 원리도 모르면서, 명리학을
과학의 잣대로 자꾸 규정하려고 해.

또 하나 생각해 볼 건, 사주가 '현대 과학 이전 시대의 유물'이라는
주장일세. 어떤 사상이나 이론이 고대에 시작되었다는 이유만으로
그 가치를 부정하는 것은 성급한 일반화의 오류라네.
논어, 도덕경 등 수많은 고전이 고대에 탄생했지만, 여전히
현대인에게 깊은 통찰을 제공하고 있잖나. 오히려 사주명리학이
오랜 세월 동안 인간의 삶을 해석하는 도구로 이어져 왔다는 건
그만큼 유의미하고 실용적이라는 증거이지.

역술업이 라이선스가 없는 직종이다 보니, 여러 관법이나 주장이
난무합니다.

命

선생先生은 지식을 주는 사람이고, 스승師은 지혜를 주는 사람이네.
선생의 권위나 서책의 문자는 절대적이지 않은 걸세.

스승을 버린다는 것은 그들의 인격을 부정하는 것이 아니라,
그들의 지식에 담긴 아집과 오류를 거부하는 지적인 독립
선언이라네.
스승은 길은 보여주지만, 길을 대신 걸어주진 않지. 이 공부는
결국엔 혼자 걸어야 하는 길일세.

> "누구에게도 길을 묻지 마라. 그 길을 묻는 순간 너는 길을
> 잃을 것이다."
> — 괴테 독일의 대문호

···

1. **통근通根**: 천간 _{특히} 일간이 지지에 뿌리를 내리는 것으로, 일간의 강약과
   의지력의 근간.

2. **금수상관격金水傷官格**: 금 일간이 수 상관을 보는 구조로, 머리가 비상하고
   재능이 뛰어남.

3. **재다신약財多身弱**: 재물은 많으나 일간 _{日干}이 약해 그 재물을 감당 못 하는
   구조. 돈 욕심은 크지만, 이를 지키고 운영할 힘이 부족해 돈 때문에 오히려
   고통받기 쉽다.

4. **용신用神**: 개인의 사주팔자 _{四柱八字}의 기운을 조절해 균형을 맞추는 가장
   중요한 요소. 사주에서 부족한 부분을 보완하고, 인생의 길흉화복 _{길흉과 운명}을
   판단하는 핵심 기준.

5. **체體와 용用**: 용신 구분의 근본 철학. 체體는 '그릇의 크기와 적성'을
   파악하는 기준이며, 용用은 '운세의 길흉과 흐름'을 파악하는 기준이다.

5장

직업은 정해져 있는가, 만들어지는가

신이시여! 당신의 뜻이라면

첫 일자리는 공기업의 기획조정실이었다. 온종일 법조문을 뒤지고, 주구장창 복사만 해댔다. 내 사주의 지지地支가 모두 역마驛馬[1]기운이다 보니 좀이 쑤셨다. 반년도 안돼 그만뒀다. 낙향해서 독서실에 처박혔다.

'칠흑같이 캄캄하다. 동굴 속이다. 출구가 어디인지 알 길이 없다. 가만히 있으면 죽는다. 그냥 앞으로 가야 한다. 멀리 환한 빛이 쏟아진다. 신神께 감사를 드린다. 가까이 다가간다. 빛은 바늘구멍만 한 틈으로 들어왔지만 찬란했다.'
꿈이었다. "그래. 내 비록 미약하지만, 한 줄기 빛으로 살리라."

사주를 아는 사람에게, 우연은 없다

PD

"남들은 못 들어가서 안달인 직장을 뒤도 없이 사표부터 던지냐?
성질머리하곤." 아버지에게 혼났습니다. 당신을 쏙 빼닮은
자식인데.

命

자네는 월간月干의 신금辛金과 정재합正財合이니, 금융과 관련된
월급쟁이로 인연이 닿았네. 나중에는 시지時支 오화午火를
쓰니, 방송 쪽 일을 하게 된 거고. 직업궁 월지月支가 인해寅亥
육합六合²으로 묶으니, 애초 직장 변동의 가능성이 있는 팔자였네.

PD

사람들은 사주팔자에 '의사', '공무원' 같은 직업이 실제로 정해져
있는지 궁금해합니다. 먹고사니즘에서 가장 중요한 게 직업인데,
운명에 이미 정해져 있는 걸까요? 아니면 개인이 자유의지로
선택할 수 있나요?

命

누구에게나 '천직天職'은 있어. 하지만 그 직업이 고정된 명패는
아냐. '고유 에너지의 종류와 쓰임새'를 알려줄 뿐이라네.

스탠퍼드 대학교의 상담 심리학자 존 크럼볼츠John Krumboltz의

연구에 따르면, 실제 직업의 약 80%는 계획하지 않은 우연한 일로 얻어진다고 하더군. 이른바 '계획된 우연Planned Happenstance[3]' 이론이지.

예측 불가능한 만남, 우연히 본 공고, 심지어 갑작스러운 실패와 같은 '우연한 사건'이 중요한 진로 결정이나 성공의 순간을 좌우한다는 주장이야.

인간의 의지나 계획보다 운運의 힘이 압도적인 것처럼 보일 때, 우리는 숙명론 앞에 좌절하게 된다네.

하지만 명리학적 관점에서 이 우연은 단순한 혼란이 아닐세.

우연한 사건Happenstance은 운運의 충돌을 의미하며, 이 충돌을 '계획'으로 바꾸는 것이 사주를 아는 지혜이네.

우연은 사주를 모르는 사람에게는 혼란이지만, 사주를 아는 사람에게는 필연이야.

직업 결정이나 성공은 미리 정해준 정답을 따라가는 것이 아니네.

자신의 운의 흐름을 읽고, 타고난 쓰임새命에 맞게 미리 계획된 준비를 해둔 사람에게는 필연적으로 찾아오는 기회가 되는 것일세.

편한 길 or 즐거운 길

PD

기존 술사들은 직업을 선택할 때, '왕한 오행을 따라가야 성공하고, 약한 오행은 취미나 개운법으로 보충하라'고 합니다. 약한 오행이나 십신十神을 좇으면 익숙하지 않아 결국 실패한다네요.

命

타고난 기운인 선천 직업先天 職業의 길과 부족한 오행을
채워나가는 후천 직업後天 職業의 길 중 어느 쪽이 좋으냐는 지금도
의견이 분분하다네.

1)

時柱	日柱	月柱	年柱
겁재	본원	편관	식신
乙	甲	庚	丙
亥	子	子	申
편인	정인	정인	편관

2)

時柱	日柱	月柱	年柱
정관	본원	겁재	편관
丁	庚	辛	丙
丑	子	丑	申
정인	상관	정인	비견

1번은 왕한 오행의 길을 따랐고, 2번은 내 사주에 없는 오행을
직업으로 선택했어. 자네는 어느 쪽이 나아 보이는가?

PD

1번은 한겨울에 지지가 물바다입니다. 수 기운이 더해지면 천지가
꽁꽁 얼어버릴 거 같습니다. 반면 2번은 한겨울에 추위를 녹일 수
있는 목화木火가 필요하니, 2번이 좋아 보입니다.

命

정확히 보았네.

1번은 외항선 선원 생활을 하던 중 배가 전복되어 죽을 뻔했어. 이
사람에게 바닷길은 죽음의 길이야. 배를 타서는 안 되는 사람이지.
2번은 목木 재성이 지장간에도 없는 완벽한 무재無財 사주이군.
그런데 의류업을 해서 많은 돈을 벌었지. 정화 모닥불을 피우려면
심지인 목木이 필요하네. 목 오행의 직업은 건축, 디자인, 조경,
의류, 교육 등이 있지.

왕한 오행의 기운을 따라가면 익숙하고 편한 길은 맞아. 그러나
이 쉬운 길은 운의 흐름에 몸을 내맡기는 수동적인 태도이며,
흉운이 오면 피할 수가 없어. 반면 부족한 오행을 직업으로 삼으면,
처음에는 힘들고 결실이 적을 수 있다네. 하지만 내가 선택한
도전이기에 만족도가 높고 결국에는 성공으로 이끌어준다네.

엄정화와 손흥민 - 두 스타의 다른 오행 경영법

PD

직업을 선택할 때는 내 사주의 강한 오행을 따라가지 말고, 부족한
오행의 길을 찾아가는 게 정답이군요. 알고 나니 쉽네요.

命

이 사람아, 얽히고설킨 게 세상살인데, 그리 간단하면 사주 보기가
얼마나 편하겠나?

1)

時柱	日柱	月柱	年柱
–	본원	편인	정재
?	甲	壬	己
?	子	申	酉
–	정인	편관	정관

2)

時柱	日柱	月柱	年柱
편재	본원	식신	정인
己	乙	丁	壬
卯	酉	未	申
비견	편관	편재	정관

1번은 '영원한 디바' 엄정화이고, 2번은 '캡틴' 손흥민이야.
지금까지 배운 걸 바탕으로, 두 사주를 한번 풀어보게나.

PD

엄정화는 금수金水의 기운이 강하여 추우니, 따뜻한 화火 기운을
쫓아 연기자의 길을 걸었군요. 직업 활동을 통해 부족한 에너지를
보충하지요. 손흥민은 여름철 을목이니, 부족한 기운인 수水를
따라 직업을 선택해야 맞는데, 지금까지 배운 거와 다른걸요.

命

엄정화는 인성印星이 강한 데 비해, 식상食傷이 없네. 식상은 표현력,
끼, 재주를 의미하므로, 연기자가 식상을 잘 쓰면 타고난 재능과
순발력으로 캐릭터를 직관력으로 표현하는데 능하지.

하지만 엄정화는 없는 식상을 편인偏印으로 대신하는 모양새야.
편인은 남다른 촉, 감수성, 임기응변을 뜻하므로 그녀의 연기는
자신이 맡은 배역을 철저하게 연구하고 그 캐릭터에 몰입하는
능력이 탁월하다네.
타고난 재능식상이 없다고 좌절할 필요가 없다는 걸, 드라마 〈닥터
차정숙〉에서 증명해 보였어.

PD

엄정화는 부족한 오행을 직업으로 삼았는데, 손흥민은 강한 火
기운의 축구선수를 직업으로 택했습니다. 그런데도 세계적인
선수가 되었어요.

만약 나에게 이 사주의 진로 적성을 상담했다면 운동선수의 길은
반대했을 거야.
손흥민 선수는 부족할 수 있는 수 기운, 인성印星을 아버지의
교육을 통해 채울 수 있었어. 손웅정 감독의 철학은 "공을 잘 차는
사람은 많지만, 좋은 사람은 많지 않다. **좋은 사람이 되라**"라는
말로 요약할 수 있지.

그는 아들이 어릴 때부터 체력 훈련보다 정신력 훈련을
강조했는데, 이는 내면의 水 기운인성을 강화하여 격렬한 火
기운경쟁, 승부, 운동 속에서도 평정을 유지하는 힘을 길러줬어.
또한 손흥민 선수가 성공할 때마다 자만하지 않도록 끊임없이
기본과 인격을 강조했다네. "네가 월드클래스가 아닌데 누가
월드클래스라고 하느냐"라며 교만해지지 않도록 인성이라는
단단한 둑을 쌓아준 거야. 매일 같은 루틴, 무식할 정도의 반복
훈련도 인내심을 몸에 새기는 데 도움이 되었겠지.

한마디로 손흥민은 **직업 선택의 기술術을 넘어선 인간 의지學의
승리**일세.

운運을 무작정 운運에 맡기지 말고, 능동적으로 운명을 만들어가는
주체적인 삶을 살라는 교훈으로 들립니다.

직업 선택은 운명 개척의 시작일 뿐, 그 완성은 직업을 대하는 인간의 태도와 수양인성에 달려 있다네. 손흥민의 사례처럼, 직업 자체가 용신用神이 아니더라도, 인간의 의지는 운명의 한계를 초월하여 우연을 필연으로 만드는 힘이 있는 걸세.

> "나는 폭풍우가 두렵지 않다. 나의 배로 항해하는 법을 배우고 있기 때문이다."
> — 헬렌 켈러 작가, 인간 승리의 상징

· · ·

1. **역마驛馬**: 이동과 변화를 상징하는 신살神殺. 한곳에 머물지 못하고 끊임없이 움직이려는 기운으로, 직장 변동, 이사, 여행 등 분주한 삶의 원동력이 된다.

2. **육합六合**: 지지地支끼리 서로 끌어당기며 결합하는 작용. '합合'은 안정, 인연, 결실을 의미하지만, 서로 묶여 기능 상실로도 나타난다. 월지직업궁와 합을 이루면 직업 변동을 암시하기도 한다.

3. **계획된 우연Planned Happenstance**: 스탠퍼드 심리학자 존 크럼볼츠의 이론. 직업적 성공의 대부분은 계획 밖의 우연한 사건에서 비롯되지만, 사전에 준비된 태도와 유연한 자세가 그 우연을 기회로 만든다는 개념.

노력하는 부부에게
'궁합이 대수냐?'

정년퇴직하고 비로소 깨달은 점은 아내에 대한 고마움이다.
휴대 전화에 저장된 그 많던 사람들이 한순간 바람처럼 사라졌다.
일로 만난 인연이다 보니, 더는 쓸모가 없어졌나 보다. "이거, 내가
인생을 잘못 살았나?" 허망함에 지난 세월을 돌아본다.

내 잘난 맛에 살았다. 일을 핑계로 가정에 소홀했다. 방귀 뀐 놈이
성낸다고… 술에 취하면 '이혼'이란 말을 입에 달고 살았다. "이놈
봐라, 남편 자리가 무슨 큰 벼슬이라고." 그때 아내가 OK 사인을
냈었다면, 생각만 해도 아찔하다.

못난 신랑 내쫓지 않고, 두 아이를 무탈하게 키워낸 아내가
대단하고 자랑스럽다.
"지난 60년은 나를 위해 살았으니, 앞으로 60년은 당신을 위해
살겠소."

궁합 탓, 아니 본인 탓이야

PD

피 한 방울 섞이지 않은 남남이 만나, 분란과 충돌 없이 산다는 건
애초에 불가능한 일이 결혼 생활입니다. 그런데도 부부간에 불화가
생기면 무조건 배우자 탓, 궁합 탓하기 바쁩니다. 다들 '본인
탓'이라는 걸 모릅니다.

命

천주교 미사에서는 '내 탓이요'라는 고백을 통해 자기 잘못을
뉘우치고, 새로운 마음으로 살아가겠다는 다짐을 하지. 1990년대
김수환 추기경께서 벌인 '내 탓이요' 운동을 오늘에 가져왔으면
하는 바람이 드는군.

옛날에는 결혼을 인륜지대사라고 할 정도로 한 집안의 미래를
잇고, 새로운 가정을 이루는 중대한 통과의례로 여겼지. 하지만
최근에는 미혼 남녀의 70% 이상이 결혼을 반드시 해야 한다고는
생각하지 않을 정도로, 결혼은 필수가 아닌 선택이 되었어. 우리
사회의 커다란 골칫거리야.

PD

예전에는 '결혼 잘하는 게 최고의 운運'이라고 했는데,
격세지감입니다.

사주명리학에서는 인생에서 최고의 개운법開運法 중 하나가 '좋은 배우자를 만나는 것'일세.

결혼하면 배우자궁配偶者宮이 생기고 곧이어 자식궁子女宮이 형성되네. 이로써 운명을 함께 경영하는 동업자 관계가 된다고 볼 수 있다네.

결혼은 두 개의 독립된 사주팔자가 만나, **하나의 합合이 된 에너지 시스템**을 만드는 걸세. 내 사주에 부족한 오행이나 십신을 상대방이 채워주고, 상대의 넘치는 기운을 내가 조절하는 에너지 교환 장치라고 할 수 있지.

궁합을 보는 이유가 바로 이러한 에너지 보완 계약이 얼마나 효과적일지 미리 확인하려는 데 있어.

PD

부부싸움은 칼로 물 베기라지만, 가장 가까운 곳에서 상대의 단점과 약점을 목격하고 갈등하면서, 싸움이 반복되고 상처를 입습니다. 그래서 결혼은 미친 짓이라는 사람이 많습니다.

命

결혼은 사랑의 끝이 아닌 새로운 시작이네.

결혼으로 생기는 배우자궁은 내 사주팔자의 가장 가까운 곳, 일지日支에 자리하지. 이는 타인배우자이라는 새로운 시스템을 구축하여 나의 운명을 강제로 완성시키는 장치라네. 내 사주의

부족한 부분오행, 십신을 배우자라는 거울을 통해 비춰주는 운명의
숙제인 셈이지.

관살이 혼잡하니 이혼 팔자다

PD

어느 역술인은 "관성이 3개나 되니 관살혼잡官殺混雜[1]이다. 자식이
이런 사주의 여성을 데리고 오면 무조건 반대해야 한다"라고
당당하게 말합니다. 관살혼잡 여성은 '여러 번 결혼한다'라는
주홍글씨를 평생 안고 살아야 하나요?

命

여성 사주에 정관과 칠살七殺, 편관이 섞여 있으면, '남자관계가
복잡하다. 화류계 팔자다'라고 단정하며 남의 가슴에 대못을 박는
경우가 많아. 하지만 그런 부정적인 시각은 여성의 사회생활이
극히 제한되던 봉건사회의 틀에 갇혀, 여성의 인격을 폄훼하는
대표적인 오류일세.

PD

많은 여성이 혹시 내 사주가 관살혼잡이 아닐까 하고 가슴을
쓸어내립니다.

命

관살혼잡명은 강한 책임감과 완벽주의로 인해 스스로를
혹독하게 다루며, 다양한 분야에서 전문적인 능력을 발휘하는
멀티플레이어가 의외로 많다네.

時柱	日柱	月柱	年柱
편관	본원	편재	정관
癸	丁	辛	壬
卯	巳	亥	子
편인	겁재	정관	편관

수水 관살이 4개나 되지만, 정관과 칠살이 여러 개 있다는
사실만으로 무조건 관살혼잡으로 보는 건 잘못이야.
여자에게 관은 남자도 되지만 일이나 직장이 될 수도 있어. 지지의
어느 궁宮에서 나왔느냐에 따라 판단해야 할 걸세.

이 여성의 경우 **직업궁**인 해수亥水에서 년·시간으로 투출했으니,
직장 변동이 잦거나 본업 이외에 부업을 가진다고 봐야 하네.
대기업 고위직 여성일세.

時柱	日柱	月柱	年柱
편관	본원	정재	정관
辛	乙	戊	庚
巳	丑	子	申
상관	편재	편인	정관

이 여성은 **배우자궁**인 일지에서 천간으로 경·신금庚·辛金이
나왔으니 관살혼잡이 맞아.

이런 사주 구조는 30세 전에 결혼하면 이혼할 수가 있네. 늦게
만나는 시간時干의 신금辛金이 앉은 자리에 사화巳火 자식이 있으니
내 배우자라네. 자식이 제 자리에서 약신藥神[2] 역할을 하니 훌륭할
테고, 본인 말년운도 좋을 거야.

PD

관성은 나를 극하는 십신이니, 관성이 많으면 일간은 쇠약해지므로
조직 생활에서 자신감이 떨어지지 않을까요?

命

관살은 나를 힘들게 하지만, 경쟁자를 물리쳐 능력을 발휘하게도
하지. 중요한 건, 공부, 전문 자격증, 세상 경험치 등 **인성印星을
길러야** 한다네. 그래야 살인상생殺印相生으로 칠살의 흉의凶意에서
벗어날 수 있어.

궁합을 넘어선 사랑의 묘약

PD

최수종-하희라 부부는 '잉꼬부부'의 대명사로 통하지만, 하희라의
어머니는 결혼을 극구 말렸다고 합니다. 결혼 전에 둘의 궁합을
보았는데, 3곳의 점집에서 하나같이 "1년 안에 이혼한다. 최악의

궁합이다"라고 말했답니다.

命

궁합이 좋아도 노력하지 않으면 헤어지고, 궁합이 나빠도 서로의
부족함을 인정하고 채우면 평생 해로한다네. 궁합을 핑계로 노력할
의지를 놓아버리는 게 가장 위험한 걸세.

時柱	日柱	月柱	年柱
–	본원	식신	식신
?	庚	壬	壬
?	子	子	寅
–	상관	상관	편재

時柱	日柱	月柱	年柱
–	본원	겁재	식신
?	丁	丙	己
?	巳	子	酉
–	겁재	편관	편재

최수종 사주는 한겨울에 수기水氣가 강해 차갑고 어둡군. 水 식상은
연애 기술인데, 천간으로 드러나 바람둥이 기질이 있다고 보기도 해.
하희라는 정사일주로, 평생 혼자 살 팔자라고 겁주는 고란살[3]이군.
배우자를 나타내는 자수 관성 주위를 여자들이 둘러싸고 있어.
궁합이 좋지 않다는 얘기가 나올 만은 하네.

하지만 사주의 이면을 들여다보면, 두 사람은 태우자가 꼭 필요한
기운을 가지고 있다네. 궁합에서 일주끼리의 관계만큼 눈여겨봐야
할 게 조후調候의 조화야.

PD

사주가 지나치게 덥거나火多 지나치게 차가울 때水多, 상대방의
사주가 그 반대 기운을 충분히 가지고 있느냐를 봐야 한다는 거죠?

命

그렇다네. 최수종 사주는 많은 물의 배수로 역할을 하는 인목寅木이
의지처이자 수명성壽命星이네. 인목이 재성이니 아내 하희라가
되겠지. 살기 위해서는 하희라에게 매달릴 수밖에 없군.
또 차갑고 어두우니 화토火土의 기운이 꼭 필요한데, 하희라가
정사일주에 병화丙火까지 있어, 추위를 녹이고 따뜻한 온기를
더하니 좋은 인연이야.

하희라 사주의 정화丁火는 최수종의 경금庚金을 간련시켜 세상에
쓰임이 있도록 해주는 존재라네. 마찬가지로 하희라 씨에게 경금은
할 일이 있는 기쁨을 주지. 정화와 경금은 서로어게 진신眞神[4]이
된다네.
월지 직업궁이 같은 자수子水로, 같은 업종에 종사하면서 서로
하는 일에 대한 이해가 깊네. 일지가 자사子巳로 암합暗合하니
천생연분일세.

배우자는 단순히 삶을 함께하는 동반자를 넘어, 나의 운명에 가장
큰 영향을 미치는 존재군요.

命

배우자를 선택할 때 '궁합'에만 의존하는 건 매우 위험하다네.
궁합이 아무리 좋아도 신뢰와 배려가 전제되지 않으면
결혼 생활은 언제든지 모래성이 될 수 있어. 궁합이 나빠서
헤어진다고들 하지만, 사실은 노력할 의지를 포기하고 '본인이
나빠서' 헤어지는 걸세.

궁합보다 우선해야 할 것은 상대방의 성격이나 가치관에 대한
이해와 존중이며, 그것이야말로 운명을 함께 경영하는 동업 계약의
기본이라네.

> "가장 훌륭한 결혼은 완전한 남편과 완전한 아내가 만나는
> 것이 아니라, 불완전한 두 사람이 만나 자신의 불완전함을
> 완성해가는 것이다."
> — 게리 토마스 미국 작가

• • •

1. **관살혼잡官殺混雜**: 정관正官과 편관七殺이 섞여 있는 구조. 책임감이 강하고 다재다능하나, 심리적 압박이나 배우자 관계에서 혼란을 겪기 쉬운 운명의 과제를 상징한다.

2. **약신藥神**: '병을 치료하는 신' 또는 '약이 되는 기운'을 의미. 사주에 병이 있어도 약신이 있으면 길하다고 해석하며, 인생의 고난이나 문제를 극복하는 데 중요한 역할을 한다고 본다.

3. **고란살孤鸞殺**: '외로운 새'를 상징하며 배우자 인연의 고독을 암시하나, 직업이나 예술 활동으로 풀면 극복 가능.

4. **진신眞神**: 사주에 꼭 필요한 오행이거나, 상대방에게 필수적인 역할을 해주는 기운을 의미.

7장

부자가 되고 싶으면 인성印星을 길러라

닥터테이너와 하이에나

방송국에는 '빨대'를 꽂아 이득을 보려는 하이에나들이 많다.
그중에서도 방송 출연을 악용해 건강기능식품을 파는 일부
닥터테이너들의 행태는 욕을 부른다. 국민 건강을 자신의 치부
수단으로 삼는 파렴치한이다.

전문가는 자신의 지식과 권위를 공공의 이익을 위해 사용해야
한다. 하지만 이름과 신뢰를 팔아 자신의 호주머니만을 챙기는
이들은 전문가의 탈을 쓴 장사꾼과 다름없다.
'소가 마신 물은 젖이 되고, 뱀이 마신 물은 독이 된다.'

재물은 왜 어떤 이에게는 젖이 되고, 어떤 이에게는 독이 되는가?

가난하게 태어난 게 본인의 잘못은 아닐진대, 빈부 격차라는 불공평한 현실이 지치고 힘들게 합니다. 수많은 자기 계발서와 재테크 영상이 '부자의 비법'을 외치지만, 노력만으로 넘을 수 없는 운명의 벽이 있다는 생각입니다. '부자 사주'는 따로 있는 걸까요?

명리학은 단호하게 말한다네. 부자가 될 가능성은 사주팔자에 분명히 새겨져 있다고.

재성財星은 재물과 현실적 결과를 의미하네.

사주 원국에 재성이 강하거나, 재성을 생조하는 식상食傷이 잘 발달했거나, 혹은 일간이 충분히 강하여 많은 재물을 감당할 수 있는 신왕재왕身旺財旺의 구조를 갖춘다면 분명 다른 사람보다 재물과 인연이 깊은 '부자 사주'라 불릴 만한 잠재력을 타고난 걸세.

하지만 이것이 곧 인생의 전부를 결정하지는 않네. 명리학에서 운명은 고정되어 있지 않고, 끊임없이 변화하는 환경대운, 세운 속에서 내가 선택하고 만들어가는 거니까.

재성이 아무리 강력하게 주어졌더라도, 그 재물을 감당할 나의 그릇이 약하다면재다신약, 財多身弱, 결국 그 재물은 내 것이 되지 못하고 스쳐 지나가거나, 오히려 나를 병들게 하는 짐이 될 뿐일세.

PD

돈의 노예가 되지 않으려면 우리는 어떤 노력을 해야 할까요?

命

명리학에서 부富는 재성으로 국한되지 않고, 인성印星[1]과도
긴밀하게 연결되어 있네.
일반적으로 재성은 돈, 부동산, 현실적인 결실을 뜻하지만,
인성은 지혜, 학문, 문서, 자격 그리고 흔들리지 않는 내면의 힘을
상징하지. 재성이 돈을 버는 능력이라면, 인성은 돈을 담아내고
안정적으로 지킬 수 있는 그릇의 크기가 된다네.

부자들은 단순히 재성이 강한 이들이 아니라, 재성을 다룰 수 있는
인성의 힘을 갖춘 이들이야.
아무리 물재물이 쏟아져 들어와도 그 물을 담을 그릇인성이
작거나 깨져 있다면 결국 물은 새고 말지. 반대로 사주에 재성이
약하더라도, 끊임없이 인성을 갈고닦아 재물을 담아낼 수 있는
자격과 실력을 갖춘다면 누구나 부자의 길에 들어설 수 있다네.

지혜로 돈을 담는 그릇을 만들다

PD

가난한 사람들은 남을 이용해 이득을 챙기는 데 젬병입니다.
부자가 되려면 남을 이용할 줄 알아야 한다고만 생각했는데,
아니군요. 재성만을 좇지 않고 인성을 길러 부자가 된 사람은 누가
있을까요?

命

부자가 되고 싶다면 남을 해치며 이득을 취하는 탐욕이 아니라,
지혜를 바탕으로 함께 성장하는 길을 선택해야 할 걸세.

時柱	日柱	月柱	年柱
정재	본원	식신	편인
丁	壬	甲	庚
未	子	申	午
정관	겁재	편인	정재

투자의 귀재이자 세계적인 부호인 워렌 버핏의 사주와 삶은
인성의 힘이 어떻게 부를 영원히 지속시키는지어 대한 가장
명징한 해답을 제시하네.

일간 임수壬水는 호수나 바다와 같아 지혜와 통찰력이 깊은 사람을
나타내고, 나도 재물도 강한 신왕재왕身旺財旺[2]이니 부자 사주의
전형이라고 할 수 있지.

가장 주목할 부분은 임수 일간의 든든한 지원군인 신금申金과
경금庚金이 모두 편인偏印 성향을 띠는데, 이는 일반적인 정인正印을
넘어선 뛰어난 직관력, 분석력 그리고 독자적인 연구와 통찰의
능력을 부여한다네.

이처럼 강한 인성이 일간을 생조生助한다는 것은 주변 환경이나
단기적인 시장의 변동에 쉽게 휩쓸리지 않는 주체적인 힘을
가졌다는 의미가 되네.
그는 수많은 경제 위기와 금융 광풍 속에서도 자신의 투자 철학을
한결같이 유지했으며, 이는 인성의 '자기 확신' 없이는 불가능한
일일세.

PD

버핏은 100조가 넘는 재산에도 불구하고, 1958년에 산 평범한
주택에 살면서 검소한 생활을 유지하고 있습니다. 부자들은
일반적으로 단기 투자나 사업 확장으로 일확천금을 노리는데,
버핏은 기업의 가치를 기반으로 장기 투자 방식을 택했습니다.

命

큰 부자는 사업 재물인 편재偏財[3]와 인연이 깊다고들 생각하지만,
버핏의 사주에는 시주時柱에 정화丁火 정재正財가 뚜렷하게 자리
잡고 있네. 정재는 안정적이고 꾸준하며 예측 가능한 수입을
의미하지.
그의 투자 철학은 돈을 벌기 위해 재테크 기법을 찾아 헤매는

식상생재 활동이 아니라, 인성의 지혜를 쌓고 정재의 방식으로
차분하게 복리複利의 마법을 기다리는 거였어.

워렌 버핏처럼 부자가 되고 싶다면, 자신의 지적 능력과 내면의
평정을 다지는 인성 수양에 집중해야 하네. 돈을 좇지 말고, 돈이
스스로 찾아와 머물게 하는 **지혜의 그릇**을 먼저 닦는 게 부자가
되는 가장 확실하고 오래 가는 길일세.

PD

저도 버핏처럼 정재와 편인을 쓰는데, 왜 수중에 돈이 없죠?

命

버핏은 천간의 재성이 지지에 튼튼하게 뿌리를 내리고 있어. 반면
자네는 재성이 뿌리 없이 천간에 허투虛透하니 금전 인연이 약할
수밖에.
알면서 괜히 배 아파 물어보는 거지? 이번 생은 재물과는
담쌓았어. 죽도록 공부만 할 팔자라니까.

물려받은 재산은 어떻게 지켜지는가?

PD

예전에 한 선배는 회사에 그렇게 불평불만이 많았는데, 한순간
호인好人으로 바뀌었습니다. 알고 보니 처가로부터 건물을

상속받았다더군요. 부모 잘 만나 많은 재산을 물려받는 사람이
부럽습니다.

命

돌고 도는 돈이 때론 사람을 돌게 만들지.
대부분 사람이 느끼는 운명의 불공평에 대한 박탈감은 매우
자연스러운 거야. 선배의 경우 내면의 욕구나 미래에 대한
불안감이 막대한 재산으로 인해 일순 여유와 관용으로 바뀌면서
'호인'처럼 보이게 했을 뿐이야.
부러우면 지는 법. 인성 없이 물려받은 재물은 모래성처럼 쉽게
무너지지만, 인성이 강한 부자는 운명의 변화에도 흔들리지 않고
재물을 지키는 능력이 있다네.

時柱	日柱	月柱	年柱
–	본원	편재	편재
?	甲	戊	戊
?	子	午	申
–	정인	상관	편관

갑목 일간에 오중 기토가 무토로 투출하여 편재격이 되고,
상관생재로 흘러 사업가명이야.
일주가 통근하지 못했고, 태어난 시간에 어떤 간지干支 조합이
와도 신약身弱을 면치는 못해. 속칭 재다신약 사주라는 얘길세.
그런데 이 사주의 주인공이 대한민국 최고 기업을 이끄는 이재용
회장이네.

다른 기업가와는 달리 이재용은 선대로부터 막대한 재물을 대물림받았습니다. 그런 것도 사주에 나오나요?

命

그의 사주 명식은 년주와 월주에 무토戊土 편재偏財, 큰 재물이 나란히 놓여 있네. 년주조상궁와 월주부모궁에 자리 잡았다는 건 조상과 부모로부터 물려받은 거대한 재산, 즉 타어날 때부터 갑부 사주라는 의미지.

사주를 열면 무엇보다 조후부터 살펴 일간이 살아갈 환경을 파악하는 게 우선이야. 일간의 강약이나 격국格局에 우선한다네. 여름철 갑목甲木이 꽃을 피우고 땅에 제대로 뿌리내리기 위해서는 수水의 공급이 절대적으로 필요해.

그는 목화상관희견수木火傷官喜見水[4]라는 명리 용어가 딱 어울리는 사주네. 이 명식은 재성을 취하기 위하여 화火 식상을 따라가게 되면, 쉬이 지치고 결실을 만들기 어렵네. 재성의 밥이 되는 인성을 갈고 닦아야 하지.

PD

이재용 회장은 서울대에서 동양사학을 전공했습니다. 조부 이병철 회장께서는 "경영학은 나중에 금방 배울 수 있다. 인간에 대한 이해 폭을 넓힐 수 있는 인문학을 전공해라"고 권유했답니다.

명리에 조예가 깊으셨던 조부는 인성이 단순히 공부나 학위를
넘어, 삶에 대한 지혜와 통찰을 통해 거대한 조직을 이끌 자격을
부여한다는 걸 알고 계셨습니다.

命

이재용은 일주가 갑자甲子인데, 일지日支, 배우자 궁이자 본인의 자리에
자수子水 정인正印을 깔고 앉았네. 정인은 어머니, 학문, 문서 그리고
정당한 자격을 의미하지.
그가 거대한 부를 공식적이고 합법적인 틀 안에서 소유할 능력을
타고났음을 암시한다네.

월지와 일지의 자오충子午冲은 제일 낮은 곳에서 꼭대기까지로
올렸다 내렸다, 접었다 펼쳤다 하는 형상이네. 직업 물상으로 교육,
영상조명, 언론방송, 전기전자, 컴퓨터 등을 들 수 있지. 자오충을
하게 되면 신자申子로 운동하면서 진토辰土 편재를 불러오니,
이래저래 돈 많은 팔자군.
다만 극과 극을 오가니 정신적인 문제가 발생할 소지가 있고, 일지
배우자궁이 충하니 부부 인연이 약할 수 있다네.

PD

야, 자오충을 하면, 하나는 좋아도 하나는 좋지 않을 수가 있군요.

命

사주는 항상 음양陰陽으로 봐야 하네. 밝음이 있으면 어둠도 있는

법. 사회적으로 양陽, 좋은 일이 있으면, 육친적으로는 음陰, 나쁜 일이
있는 게 인생이라네.

부富는 인성의 크기만큼 담긴다

PD

워렌 버핏과 이재용, 두 거부巨富는 재물의 크기와 형태는
달랐으나, 공통으로 인성印星이라는 강력한 기반 위에서 자신들의
부를 확보하고 유지했군요.

命

사업이나 투자에서 관재官災나 큰 손실재성으로 인한 파국이 닥쳤을 때,
인성이 강한 사람은 쉽게 무너지지 않아.
인성은 '지혜'로써 올바른 판단을 내리게 하고, '자격과 문서'로
법의 보호를 받게 하며, '내공'으로 절망 속에서도 다시 일어설
힘을 준다네.

결국 명리학이 우리에게 알려주는 부자의 길은 돈을 좇기 전에
돈을 담을 수 있는 '자신이라는 그릇'을 먼저 단단하게 닦으라는
거야. 그 그릇이 바로 인성일세.

"큰돈은 사고파는 것이 아니라, 기다리는 것에서 생깁니다."

— 워렌 버핏 투자의 귀재, 세계적인 부호

. . .

1. **인성印星**: 지혜, 학문, 문서, 자격, 흔들리지 않는 내면의 힘을 상징. 재물을
   지키고 운명을 통제하는 '그릇의 크기'가 된다.

2. **신왕재왕辛旺財旺**: 일간이 강하고 재성도 강한 구조로, 재물을 잘 다루고
   부자가 될 가능성을 지닌 사주

3. **편재偏財**: 큰 재물, 사업적 재물 또는 예기치 않은 횡재를 의미. 정재월급와
   달리 유동성과 투기성이 강한 재물

4. **목화상관희견수木火傷官喜見水**: 여름의 목木 일간이 화火 식상을 쓰고, 수水
   인성을 보면 매우 길하다. 이는 재능과 귀함, 전문성을 동시에 갖춘 구조로
   해석된다.

대운, 세운을 보는 올바른 방법

대운은 숲이고, 세운은 나무다

PD

새해가 되면 그 해의 운세신수, 身數를 보는 사람들이 많은데, 술사마다 운을 보는 방법이 가지각색입니다. 그중 '나는 원래 대운은 안 써'라며 대운을 허상虛像이라는 사람도 있습니다. 정말 대운을 무시해도 괜찮은가요?

命

신수를 볼 때 대운을 무시한다는 것은 한쪽 눈을 감고 어두운 밤길을 가는 것과 진배없다.

대운大運은 숲이고 세운歲運은 나무라고 할 수 있지. 숲이 어떤 기운과 토양, 계절로 이루어졌는지가 나무의 생존과 열매의 크기를 결정하듯, 대운은 우리 인생의 10년을 지배하는 '배경 환경'이고,

세운은 그 안에서 매년 벌어지는 '구체적인 사건이나 결과'를
의미한다네.

그런데 왜 일부 술사들은 숲을 보지 않고 나무의 상태만으로
전체를 판단하는 잘못을 범하는 건가요?

그것은 대운의 실질적인 영향력을 이해하지 못한 데서 비롯되는
치명적인 오류일세. 대운의 작용을 '몰라서 안 본다'라고 솔직히
말하면 좋으련만.

나무세운가 아무리 좋은 씨앗을 가져와도, 숲대운의 토양이
척박하고 계절이 맞지 않으면 그 결실은 크지 않네. 반대로 흉한
대운이라도, 세운이 숲에 필요한 비를 내려주거나 숲의 정체된
기운을 깨뜨려 기회를 가져오면 큰 발복을 할 수 있지.

세운만으로 길흉을 판단하는 건 바보짓

이 사람은 신사辛巳년에 경찰 공무원 시험에 합격했습니다.
갑목 일간이 정관과 식신운이니, 취업해서 새로운 진로를 열어갈
수 있었겠죠?

時柱	日柱	月柱	年柱
식신	본원	정관	비견
丙	甲	辛	甲
寅	寅	未	寅
비견	비견	정재	비견

命

그렇지 않네.

갑목 일간인 사람이 모두 신사년에 시험 합격하는 건 아닐 테니까.

지금도 유튜브에는 일간별 ○○년 운세, ○월 운세를 소개하는
영상들이 넘쳐나네. 천간은 모두 10개인데 우리나라 인구수는
5,000만 명이 넘잖아. 그러면 500만 명이 운세가 같다는 소린데.
어휴~

식신격에 병신합丙辛合으로 운동하니, 직장 생활을 통해 능력을
발휘하는 명이군. 비겁이 많아서 사업을 하면 재물을 뺏길
위험이 커.
신사년에 천간으로는 병신합이 일어난다네. 대운을 배제하고
보면 합거合去가 되니, 관성직장과 식신재능이 함께 사라져 버리지.
불합격 운이야.

PD

세운만 보면 불합격 운인데, 대운을 같이 보니 합격 운이 된

거군요. 완전 정반대의 결과인데요?

命

시험에 합격했을 때가 계유癸酉 대운이네.
대운의 지지 유금酉金이 세운의 천간 신금辛金에게 록지祿地[1]라는
강력한 뿌리를 제공하지. 이 유금이라는 숲의 토양 덕분에, 약해
보이던 辛金은 합해서 없어지지 않고, 병신합동丙辛合動으로 힘차게
살아나서 직장경찰을 취하는 길운이 된 걸세.

여기서 고수高手 소리를 들으려면 한 발 더 나가야 한다네.
병신합동이 일어나면 2차 변화로 신금이 대운의 천간 계수
정인正印을 생하게 되지. 그래서 합격 문서를 꽉 쥐게 된 거야.

PD

을해乙亥 대운에 두 번이나 특별 승진했습니다.
을목 경쟁자가 들어온 운인데, 경사스러운 일이 있었다는 게
이해되지 않습니다.

命

천간으로 을목 겁재가 들어오면 신금 정관이 움직이네. 경쟁자를
누르고 조직에서 능력을 발휘할 대운이야.
지지로는 인해寅亥 육합六合이 연이어 일어나 해수 인성이 묶이게
되는데, 세운에서 이 육합을 풀 때 승진이 가능해지지. **육합은
합이나 충이 푸니**, 계사癸巳년과 병신丙申년에 특별 승진하게 된

걸세.

대운을 무시한 세운 해석은 이처럼 흉운을 길운으로, 길운을
흉운으로 오판할 위험이 있다네.

간干과 지支는 한 몸이다

PD

그런데 대운을 볼 때 천간과 지지를 나눠서 보는 사람들이
많습니다. 각 5년씩으로 보는 사람이 가장 많고, 4:6이나 3:7로
보는 사람도 있습니다. 거참, 도리짓고땡 하는 것도 아니고. 천간과
지지를 어떻게 나눠봐야 하나요?

命

하늘인 천간은 땅인 지지가 있어야 효용이 드러나고, 땅인 지지는
천간인 하늘을 이어야 그 쓰임이 생기는 법일세. 간지동체干支同體,
간지는 한 몸이다라 모든 간지는 분리될 수 없다네.

양간陽干인 갑甲, 병丙, 무戊, 경庚, 임壬은 인오술寅午戌,
신자진申子辰으로 정신精神인 수화水火와 만나고,
음간陰干인 을乙, 정丁, 기己, 신辛, 계癸는 해묘미亥卯未,
사유축巳酉丑으로 물질物質인 목금木金과 짝을 이루게 되지.

경찰 합격 사례에서, 계 대운은 계해癸亥, 계묘癸卯, 계미癸未,
계사癸巳, 계유癸酉 그리고 계축癸丑 등 6가지 조합이 있네.
이중 계유와 계사 대운은 병신합동이 일어나고, 나머지 대운은
병신합거가 된다네.
같은 계 대운이라도 지지에 따라 결과가 달라지네. 천간과 지지를
나누어 보면 안 되는 선명한 이유일세.

3수手 앞을 내다보는 통찰

2부 2장 '천간과 지지는 노는 물이 다르다'에서 천간은
생극제화生剋制化로, 지지는 형충회합파해刑冲會合破害로 작용한다고
말씀했습니다. 알기 쉽게 좀 구체적으로 보따리를 푸시죠?

命

운을 볼 때 천간의 작용은 ① 합合 → ② 극剋 → ③ 생生의 순서로
일어난다네.

時柱	日柱	月柱	年柱
정관	본원	편재	겁재
庚	乙	己	甲
辰	亥	巳	寅
정재	정인	상관	겁재

'착한 건물주' 서장훈 사주야.

여름의 목木이 잘 자라기 위해서는 많은 물이 필요하고, 수원水源이 되는 금金이 있으면 금상첨화일세.

천간의 편재 기토를 호시탐탐 노리는 겁재 갑독이 눈엣가시야.

시간時干의 정관 경금이 호재신護財神, 재물을 지키는 신 역할을 한다네.

51세부터 을해乙亥 대운이 오면, 가장 먼저 을목이 경금과 합을 하게 되네. 대운은 환경이고, 득실은 세운에서 일어나지.

을년이나 경년이 오면, 을경합거乙庚合去가 일어나 직장과 명예가 사라지는 일이 발생할 수가 있네.

그런데 위에서 언급했지만 여기서 멈추면 하수下手 신세를 벗어나지 못해.

PD

을경합 이후의 변화를 계속 따라가야 하는군요. 경금이 사라지면 그동안 숨죽이고 있던 겁재 갑목이 살아나네요. 그러면 결국에는 갑기합甲己合으로 편재 기토를 잃어버리는군요.

命

사주명리는 '비겁운이 오면 재물을 빼앗긴다'는 단순한 공식으로 끝나지 않네. '나의 재성이 비겁의 공격을 받으면 어떻게 방어할 것인가?'라는 물음에 대한 3단계의 복잡한 해답을 담고 있지.

이 과정을 통해 사주명리가 단순한 운세 풀이가 아니라, 삶의 위기에 대응하는 전략적 시스템임을 알 수 있다네.

1수: 비겁이 재성을 극한다.

사주에 비겁比劫의 기운이 강하게 들어오는 운에는 나의 재성財星이
공격받아 재물이나 배우자를 잃을 위험에 처하게 되네. 이는 마치
라이벌이 나의 영역을 침범해오는 것과 같은 직접적인 위협일세.

2수: 재성은 자기 자식인 식상食傷을 내세운다.

이때 재성은 속수무책으로 당하지는 않아. 자식인 식상을 내세워
방어에 나서게 되지. 내 사주팔자에서 보면, 이 식상은 바로
관성官星이 된다네.

3수: 관성官星이 비겁을 극하여 재성을 보호한다.

사주에 이미 자리 잡은 관성명예, 조직, 권위이 움직여 비겁을
제압하고, 이로써 재성이 안전하게 보호받게 되지. 이것이 바로
명리학의 중요한 원리 중 하나인 '관위호재官衛護財[2]'일세.

'부자가 되고 싶으면 인성印星을 길러라'도 같은 이치야.
경제활동이나 돈 벌 수단을 의미하는 식상이 재성이라는 결실로
이어지려면, 인성이 식상을 극해야 식상생재食傷生財가 원활하고
빠르게 진행된다네.

PD

바둑에는 '항상 3수手 앞을 생각하라'는 격언이 있는데 명리학
또한 마찬가지군요. '3수 앞을 내다보는 지혜'가 곧 **생을 위한
극**이란 사실을 역설적으로 웅변합니다.

천변만화한 지지의 형충회합파해

PD

천간의 작용도 복잡하지만, 지지의 변화는 도무지 알 길이
없습니다.
임철초의 『적천수천미』 등 고서에는 인신충寅申冲을 지장간의 모든
글자가 꼬리에 꼬리를 물고 극하여 모두 상한다고 풀이합니다.
인신충을 하는 운에는 최소한 중상 아니면 사망이라는 얘긴데,
가당키나 한가요?

命

지지의 작용에 대해 고서마다 제각각이니, 지금 역술계는 목소리
큰 놈이 이기는 아사리판이 돼버렸어.
지지는 형충회합의 운동성을 알고 포태胞胎 관법[3]을 더해야 통변에
정확성을 기할 수 있다네. 인신충寅申冲의 경우, 인목과 신금은
포태로 절절絶絶의 만남이네. 어느 글자가 깨지고 살아남을지는
궁간宮間의 이동 여부와 주변 글자에 따라 결정될 걸세.

아직도 '합合은 좋고 충冲은 나쁘다'고 생각한다면, 지금까지 했던
공부를 다시 돌아봐야 할 거야.

PD

진술축미辰戌丑未 토土의 변화가 특히 어렵습니다
30여 년 명리 공부를 했다는 어느 법조인이, 한동훈 전 국민의 힘

대표의 경술庚戌 대운을 다음과 같이 풀었습니다.

時柱	日柱	月柱	年柱
겁재	본원	상관	편인
甲	乙	丙	癸
申	亥	辰	丑
정관	정인	정재	편재

"경술 대운의 천간 경금은 일간 을목과 을경합乙庚合을 한다.
술토는 축토와 축술형丑戌刑을 하게 된다. 술戌중 정화丁火에 의해
축丑중 신금辛金이 위험해지는 문제가 발생한다. 또한 사회궁의
진辰과 대운 술戌이 진술충으로 깨지게 되며, 진辰중 을목乙木이
술중 신금에 의하여 상처를 입게 되는데, 진중 을목은 명주 자신이
된다."

그는 이러한 대운 해석을 종합하여, '들어오는 경금의 유혹을 잘
버티기는 쉽지 않을 듯하다'고 결론지었습니다.

命

절대다수의 술사가 아마 위처럼 해석할 걸세.
먼저 운에서 들어오는 경금은 일간과 을경합을 하지 않는다네.
일간과의 합은 다른 천간과의 합극생合剋生이 없는 경우 맨 나중에
일어날 수 있는데, 이때도 다른 조건이 맞아야 하네.
대운간 경금은 일간과의 합보다 먼저 갑목을 극하러 가게 되고,
갑목은 병화를 생해 경금에 대항하지. 결국 상관견관傷官見官이

일어나는군.

축술형과 진술충의 경우는 술의 지장간 정화가 축의 지장간
신금을 극하거나, 술중 신금이 진중 을목을 극하지는 않네. 생극은
천간에서 일어나는 일일세.
진술축미 4고庫의 형·충은 지장간의 중기中氣 글자를 주목할
필요가 있어. 자연의 순환 원리를 담고 있는 지장간의 원리를
알아야겠지.

개고開庫와 입고入庫 그리고 입묘入墓의 과정을 정확히 알아야만
대·세운의 성패와 득실을 올바르게 파악할 수 있을 거야.

지장간의 비밀: 충衝이 사건이 되는 순간

PD

어떤 사람은 진술충을 하면 땅에서 지진이 일어난 것이니 천간의
글자까지 포함해서 모든 게 무너진다고 합니다, 다른 사람은
지장간의 글자들이 모두 천간으로 올라간다고 하고요. 도대체 뭐가
뭔지 모르겠습니다.

命

하늘에 해당하는 자오묘유子午卯酉는 지장간이 하나이고, 사람에
해당하는 인신사해寅申巳亥는 지장간이 둘, 땅에 해당하는

진술축미辰戌丑未는 지장간이 셋이야.
따라서 인신사해와 자오묘유 그리고 진술축미의 충은 작용이 다
다르다네.

생지生地나 왕지旺地와 다르게 고지庫地는 형·충일 때 무조건
출고出庫의 현상이 나타나게 되네. 이후 입고入庫와 개고開庫 그리고
입묘入墓 현상이 일어나지.

다시 말하지만, 진술축미는 지장간의 중기 글자를 눈여겨봐야
하네.
예를 들어 술토戌土는 뜨거운 여름의 기운을 가두어 겨울의 수水
기운을 열어가게 하지. 술중의 정화는 사화를 가두어 놓은 거야.
그래서 술토가 형·충하면 정화가 출고되어, 천간에 병·정화가
있으면 입고를 하게 되지. 왜 병·정화냐고? 진술축미는 오행포태로
보기 때문일세.

그런데 천간의 병화가 술토를 본다고 무조건 입고되는 건 또
아닐세.
입고되었다고 무조건 나쁜 것도 아니고, 입고되어 입묘로 이어지는
경우도 생각보다 많지 않아. 특히 형·충에 일간이 입고하는 경우는
없어.

운명을 보는 최종 관문: 보이지 않는 글자의 이치

PD

에구머니나, 지지의 변화는 장난 아니군요. 사주명리 공부가
어렵다는 게 실감납니다.

命

역술인마다 각자의 관법觀法이 있으니 구체적으로 말하기는
조심스러워. 이 바닥 사람들이 다들 자기 잘난 맛에 살고, 한 성질
하거든. 입고와 입묘의 차이도 모르면서.

운을 읽는다는 것은 길흉을 미리 알고 숙명처럼 순응하라는 뜻이
아니라네.
숲대운과 나무세운를 보는 논리적인 이치는 운명이라는 지도를
해독하는 기술일 뿐이야.

이 기술을 안다고 해도 풀리지 않는 질문이 남아있지.
'을사년 세운의 을목은 원국의 어느 궁宮에서 온 것인가?'
'세운에서 오운육기五運六氣로 불러오는 글자는 어떤 의미일까?'
이처럼 운을 볼 때 사주 원국에는 드러나지 않았지만, 합이나 충의
이치로 인해 운명의 현실에 끌려 나와견출, 牽出 사건을 만들어내는
글자들이 있다네.

'보이는 글자'만으로는 절대로 설명할 수 없는, '보이지 않는

글자'의 이치.

이 허자盧字와 음신陰神의 비밀이야말로 운명의 가장 깊숙한 곳에
숨겨진 진실일세. **가장 중요한 것은 눈에 보이지 않는다네.**

"뜰 앞의 잣나무다." 庭前栢樹子, 정전백수자

— 조주 선사

．．．

1. **록지祿地**: 십이운성 중 하나. 일간이 지지에 뿌리를 내리고 안정적인 힘을
   얻는 단계. 운세의 길흉을 판단하는 데 중요한 근거가 된다.

2. **관위호재官衛護財**: 관성조직, 권위, 명예이 비겁경쟁자을 통제하여 재물財을
   지키고 보호한다는 명리학적 원리.

3. **포태胞胎 관법**: 십이운성十二運星을 통해 지지의 기운이 생로병사하는 과정을
   보는 통변법. 지지의 작용을 물리적인 충돌沖 너머 생명력의 변화로 이해하는
   고급 통변법.

9장

가장 중요한 것은
눈에 보이지 않는다

칠흑 같은 어둠 속에서 수많은 여행객이 숨죽이고 있다. 동쪽 하늘에서 서서히 빛이 깃들기 시작하고, 이내 붉은 태양이 장엄한 모습으로 고개를 내민다. 다울라기리8,167m를 포함하여 안나푸르나 산군이 주황빛으로 물든다.

모든 이의 시선이 앞陽, 동쪽을 향할 때, 무심코 뒤陰, 서쪽를 돌아본다.
앞에서는 강렬한 태양 빛에 설산들이 좀체 어둠에서 깨어나지 못하는데, 뒤에서는 그 빛을 받은 설산의 하얀 눈이 신성하고 겸손한 아름다움을 한껏 뿜어내고 있다. 천사는 갈없이 우리를 지켜보고 있었다.

〈걸어서 세계속으로〉를 제작하러 찾은 안나푸르나 트레킹 코스의 백미, '푼힐 전망대에서의 일출' 풍경이다. 월급 받으면서 세계여행을 했으니, 고맙고 미안하다.

보이는 게 전부는 아니다

PD

우리는 늘 해가 뜨는 곳, 명예, 성공, 돈처럼 눈에 보이는 '양陽'의
결실만을 향해 앞만 보고 달려갑니다. 하지만 진정한 아름다움은
정면의 해가 아닌, 그 빛을 받아 빛나는 히말라야의 설산처럼,
우리가 의식하지 못했던 뒤편 '음陰'의 영역에 있었습니다.

命

자네의 통찰은 명리학의 본질과도 완벽하게 맞닿아 있다네.
서양에서는 동양이 보이지 않지만, 동양에서는 서양을 볼 수 있지.
밝은 쪽에서 어두운 쪽은 보이지 않는 법일세. 서양은 물질 위주의
사고를 완전히 비우지 않고는 동양 학문의 진수로 들어오기
어려울 거야.

사주명리는 우리가 앞만 보며 살아갈 때 놓치기 쉬운 '뒤편의
아름다움'을 보게 해주는 학문이네. 눈에 보이는 여덟 글자陽 너머,
그 뒤편에 숨겨진 기운과 잠재된 의미陰를 읽어내는 것이야말로
명리학의 가장 중요한 역할이지.

월률분야와 인원용사: 같은 듯 다르다

PD

지지의 변화가 복잡한 까닭은 지지 글자 속에 숨어 있는
지장간地藏干 때문으로 보입니다. 그런데 앞 장에서
자오묘유子午卯酉 왕지旺地는 지장간이 하나라고 했습니다. 둘이
아닌가요?

命

질문도 실력일세. 일신우일신日新又日新이라, 나날이
새로워지는구려.
이를 이해하려면 월률분야月律分野와 인원용사人元用事의 차이를
알아야 하네.

월률분야는 '월月의 기운이 규칙적律으로 나뉘어分 쓰는
범위野'라는 의미일세. 이는 지지 속에 어떤 천간의 기운이 며칠
동안 힘을 발휘하는지를 구분하지. 예를 들어 자월子月은 순수한
수水의 왕지이지만, **임수壬水와 계수癸水**로 나뉘네. 자월 초기에
임수의 영향력이 남아있거나, 자 중의 순수한 기운을 음양으로
구분하는 관점 때문이네.

인원용사는 '지지 속에 있는 천간人元이 실제로 현실의 용도用로
쓰이는 작용事'을 의미하네. 지장간의 가장 강력한 핵심적인
기운이지. 자수에 저장된 기운은 **계수癸水** 하나로 본다네. 이는

자수 자체가 음陰의 수 기운이 가장 강한 상태이기 때문일세.

월률분야가 지지 속에 숨겨진 기운들의 '시간표律'라면,
인원용사는 오직 '운명을 움직이는 핵심 에너지用事'만을 뽑아내는
고수의 기술이라네.

PD

이 둘의 차이를 정확히 알지 못하면 사주 해석이 어긋나나요?

命

초학들이 가장 흔히 저지르는 실수는 사주팔자라는 8개의
글자만으로 운명을 재단하는 걸세. 한 사람의 운명을 움직이는
진정한 동력과 사건의 씨앗은 지장간地藏干이라는 보이지 않는
곳에 숨겨져 있네.

지장간은 여러 천간이 지지에 내려와 형성된 기운인 만큼, 천간과
지지, 지지와 지지, 지지와 지장간 그리고 천간과 지장간은 서로
유기적으로 호응하며 변화를 일으킨다네. 월률분야와 인원용사의
차이를 제대로 알아야 통근과 투간透干, 투출透出[1] 나아가 육친
해석에도 어긋남이 없을 걸세.

정축 대운 병인년에 이혼한 남자야. 어느 역술인의 풀이를 볼까?
'계수癸水 인성이 처성인데, 도화桃花지에 앉아 년주 갑에게도
정을 주므로 처가 외정을 가진다. 세운에서 일지를 충하니 처와

이혼했다.'

時柱	日柱	月柱	年柱
상관	본원	정인	비견
丁	甲	癸	甲
卯	申	酉	申
겁재	편관	정관	편관

PD

배우자를 나타내는 재성財星이 보이지 않네요. 그런데 왜 뜬금없이 인성印星인 계수를 처로 봤을까요?

命

계수가 배우자궁 신금申金의 지장간에 있는 무토戊土와 명암합明暗合 한다고 보아 처로 생각한 거 같네. 술사마다 의견이 갈리는데, 신금의 월률분야는 **무임경**戊壬庚이지만 인원용사는 **임경**壬庚으로 무토는 없다고 보는 게 맞을 거야.

처성妻星은 일지 신중 임수와 정임합丁壬合 하는 시간時干의 정화일세. 시주時柱 정묘丁卯가 나와 합을 하면서, 년주年柱 갑신甲申과도 몰래 합을 하네. 애초 배우자 인연이 불안한 팔자야. 정축 대운은 계수가 처성인 정화를 극하게 되고, 병인년은 배우자 자리를 충沖하고 묘신 원진·귀문이 발동하니 남남이 된 걸세.

하수下手와 고수高手를 가르는 기준: 세운 글자의 출처 추적

PD

운명 상담에서 내담자가 가장 궁금해하는 것은 '다가올 운'입니다. 을사乙巳년이 오면 병화丙火 일간의 경우는 정인운입니다. 학문이나 문서, 어머니와 관련된 일이 벌어져야 하는데, 실상은 꼭 그렇지 않더군요.

命

운을 볼 때 하수下手는 십신十神으로만 해석하네. 반면 고수高手의 해석은 **근원根源과 궁宮**을 추적한다네. 세운의 천간 글자乙木가 사주 원국이나 대운의 특정 지지 궁위宮位 어디서 올라왔는가를 먼저 살피지. 이것이 지장간 해석의 핵심이야.
지장간은 숨어 있을 때는 잠재력일 뿐이네. 하지만 천간으로 투출되면 비로소 현실이 되는 걸세.

만약 을목정인이 시지時支의 지장간에서 올라왔다면, 이 정인은 학문이 아니라 자식궁 또는 직업궁과 연관하여 통변하게 되네. "올해의 정인을목 운은 당신 자녀시지의 학업이나 자격증 취득 문제로 인해 문서정인를 작성하게 될 겁니다." 혹은 "직업시지과 관련된 특허나 기술 이전 문서정인 작업이 마무리될 겁니다." 단순히 '정인운이 좋다, 나쁘다'가 아니라 '어떤 영역에서, 무엇을 통해' 길흉이 나타날지 구체적으로 예측할 수가 있다네.

보이는 세상과 보이지 않는 기운

PD

우주에서 우리가 볼 수 있는 건 4~5%에 불과하고, 대부분은
암흑물질과 암흑 에너지로 구성되어 있다고 합니다. 따라서 우주
변화의 원리를 바탕으로 한 사주명리학은 보이는 세상實字과
보이지 않는 기운虛字을 함께 해석하는 인문학이라고 생각됩니다.

그런데 학생들이 빼곡한 강단에서 명리학 교수라는 타이틀을 단
사람이 입에 거품을 물고 육두문자를 써가며 하는 말인즉, "허자를
논하는 자는 모두 사기꾼이다. 지가 실력이 안 되니까 되지도 않는
논리로 갖다 맞추려는 것이다."라고 하품하다 방귀 뀌는 소리를
해댑니다.

命

해가 지고 달이 뜬다고, 태양이 영영 사라지는 건 아닐세.
양으로 드러난 실자實字만 보지 말고, 음으로 존재하는 허자虛字를
볼 수 있어야 애꾸눈 신세를 벗어날 수 있어. 개가 짖어도 기차는
간다네.

PD

세운을 볼 때 고수高手는 오운육기五運六氣[2] 원리를 응용하여
허자를 본다고 합니다. 예전 선생에게 이에 관해 질문을 드린 적이
있습니다.

"오운육기는 한의학에서 쓰는 용어다. 명리와는 연관성이 없다.
그런 것까지 관심을 가지면 학교로 가야지, 철학관을 여는 데는
아무 도움이 안 된다."
라는 답변이 돌아왔습니다. 당시 선생이 '나도 모른다'라고
말했어도 이렇게 먼 길을 돌아오지 않았을 텐데 하는 아쉬움이
남습니다.

命

세운 천간은 합合을 통해 오운을, 세운 지지는 충沖을 통해 육기를
끌고 들어온다네. 오운육기를 통해 **'무엇을 하기 위한, 무엇
때문에'**라는 사건의 동기와 과정을 구체적으로 파악할 수 있지.
이 보이지 않는 허자가 원국이나 대운에 뿌리를 두고 발동할 때,
비로소 운명은 움직이기 시작한다네.

時柱	日柱	月柱	年柱
–	본원	정인	식신
?	甲	癸	丙
?	辰	巳	子
–	편재	식신	정인

프로게이머 페이커 사주일세.
계수 정인의 실력이나 노하우, 자격증을 제대로 장착하면 병화
식신의 능력을 펼쳐 진토의 재물을 얻게 되는 명이군.
천간에 병화와 계수가 같이 있으면 흑운차일黑雲遮日, 검은 구름이
해를 가린다이라 하여 좋지 않은 조합으로 보는데, 여름철에는 왕한

병화를 계수로 조절해 주어야 하니 나쁘게 보면 안 된다네.

을미乙未 대운 계묘癸卯년에 롤드컵 역사상 최초로 네 번째
우승자로 '살아있는 전설'이 됐지.
계묘년의 천간 계수는 무토戊土를 끌고 오는데, 진辰중 무토와
음양합을 하면서 원국으로 들어오니 계수 인성을 체감하게 되네.
무토 편재로 큰 재물을 얻으면서 계수 인성으로 우승이라는
타이틀을 갖게 된 걸세.
지지 묘목이 품고 온 유금酉金은 사유巳酉로 운동하니 나의 능력을
발휘하여 명예를 얻는 운이지.

PD

허자는 운명의 숨은 코드를 읽는 열쇠인 것 같습니다. 이 밖에
보이지 않는 글자는 어떤 게 있나요?

命

공협控挾이나 도충倒冲, 육합六合으로 없는 글자를 불러온다네.
명궁命宮과 입태월入胎月도 태어난 순간에 드러나지 않는 숨겨진
기운이며, 삼합三合에서 빠진 글자 역시 보이지는 않으나 때를
만나면 강하게 작용하는 무형의 힘일세.

명리학 고수들이 이러한 기법을 활용하는 이유는, 눈에 보이는
8글자만으로는 개인의 미묘한 내면 심리, 잠자된 능력 그리고
운명의 갑작스러운 반전을 설명하기 어렵기 떠문이야.

허자를 읽어내지 못하면, 운명을 평면적으로밖에 볼 수 없다네.

> "무릇 세상을 보는 데는 눈에 보이는 형상보다, 보이지 않는
> 정신을 봐야 한다."
> ― 정약용 조선 후기 실학자

. . . .

1. **투간透干, 투출透出**: 지장간의 **같은 십간**이 천간에 드러나면 투간, **같은
   오행**이 드러나면 투출이라고 한다. 해亥 중에서 갑목甲木이 투간한 것과
   을목乙木이 투출한 것은 차이가 있다. 같은 목이지만 음양의 운동성이 다르다.
   '시작하고 뻗어나가는 기운'과 '만개하고 펼쳐내는 기운'이라는 점에서 그
   작용력이 크게 다르다.

2. **오운육기五運六氣**: 고전 역학 및 한의학 용어. 천간오운과 지지육기의 조합을
   통해 운명의 동기動機와 사건의 과정을 파악하는 심화 관법.

10장

작고 소소한
그래서 더욱 중요한

PD

2부 마지막인데 헷갈리는 잡다한 질문을 몰아서 해도 되겠습니까?

命

작은 것을 아는 것이 큰 깨달음으로 다가올 수 있다네. 뭔가?

신수를 꼭 봐야 하나요?

PD

신년이 되면 누구나 한 번쯤 "올해 운수는 어떨까?"라는 궁금증에 운세 앱이나 역술인을 찾게 됩니다.

命

사주팔자가 '변하지 않는 기질과 그릇命'이라면, 운運은 '시간의

흐름에 따라 변하는 환경'이네. 신수歲運는 그 환경 중 1년 단위의
단기적인 변화를 의미하지.

신수를 본다는 건 **올해의 날씨 예보를 확인하는 것**과 같다고 할
수 있어. 예보가 "올해 여름은 비가 잦을 걸로 예상됩니다."라고
알려준다면, 우리는 우산을 미리 준비하고 야외 활동을 줄이는
대처 계획을 세우게 되지.

다만 신수는 다가올 한 해의 기운을 알려줄 뿐, 그 기운에 따라
'어떤 행동을 할지'는 순전히 개인의 자유의지선택에 달려 있다네.

예를 들어 '재물 손실'이 예정되었다면, 무조건 돈을 잃는다는
숙명이 아니라 '투자나 사업 확장에 신중해야 할 시기'라는
경고일세. 오히려 안정적인 저축이나 인성지혜을 기르는 독서에
집중하여 흉운을 피해 갈 수 있지.

'승진 운'이 왔다고 해서 가만히 있어도 승진하는 건 아냐. '내
노력이 가장 효율적인 결과로 돌아올 시기'이니, 적극적으로
능력을 어필하고 기회를 포착해야 한다는 암시라네.

PD

신수를 볼 때 재성財星 운이 들어오면 무조건 돈을 번다, 관성官星
운이 들어오면 승진한다고 단정하면 안 되는군요?

命

운을 보는 게 그렇게 단순하면 역술인들은 모두 개점휴업일 게야.
재성이 희신喜神일 때는 재물 성취를 의미하지만, 기신忌神이거나

재다신약財多身弱 사주에서는 오히려 재물에 대한 과도한 욕심이나
금전적 손실, 건강 악화를 초래하는 흉운이 될 수 있다네.
관성이 길신일 때는 명예나 승진이지만, 칠살七殺이 강한
사주에서는 조직 내의 압박, 관재구설 같은 법적 문제로 나타날 수
있어.

신수의 참된 통변은 세운의 십신十神이 나의 사주 원국과
대운의 흐름과 만나 어떤 복합적인 작용을 일으키는지, 특히
지장간地藏干에 숨겨진 기운을 어떻게 발현시키는지透出, 투출를
읽어내는 데 있다네. 단순한 십신 풀이로는 운명의 깊이를 담아낼
수 없는 걸세.

운명 상담을 할 때, 고수高手는 내담자에게 '언제 무엇을 한다'고
단정적으로 예언하지 않아. 대신 '운의 경고등'이 켜지는 시점을
명확히 알려준다네.

사주가 아닌 삼주 풀이의 의미

PD

유명인이나 연세 드신 분은 태어난 시간을 알 수 없어, 시주時柱가
빠진 삼주육자三柱六字만으로 풀이하는 경우가 있는데요.
사주팔자에서 시주는 어떤 의미를 지니는지요?

시주는 그 사람이 살면서 축적한 경험과 능력의 최종 결과를
나타내며, 말년 삶의 형태와 상태를 결정하네. 시주가 없으면 그
사람이 어떤 길로 나아가서 궁극적으로 무엇을 성취할지 예측하기
어렵겠지.

또한 시주는 자식과의 인연, 자식의 능력과 성향을 보는
자식궁일세. 시주가 빠지면 자녀 운세와 대물림되는 후대의 복록을
논할 수 없다네.

일간의 강약身强身弱과 조후調候에도 결정적인 영향을 미칠 수가
있어.

그러면 삼주 풀이는 '머리, 가슴, 몸통만 있고 다리가 없는
형상'이니 완벽한 통변은 할 수 없겠네요?

삼주만으로 풀어야 할 때는 시주에 해당하는 말년 운세나 자식
운은 판단을 유보하고, 풀이의 한계를 투명하게 공유하는 게
좋다네. 그렇지만 운명의 큰 뼈대는 충분히 파악할 수 있을 걸세.

연주年柱는 조상과 사회적 배경, 월주月柱는 부모, 직업, 사회궁,
일주日柱는 본인의 성향과 배우자 관계를 나타내지. 삼주만으로도
한 사람의 **타고난 성격, 직업 적성, 재물에 대한 태도,
초년~중년까지의 운의 흐름** 등은 손쉽게 읽어낼 수 있네.

이 삼주 풀이는 명리학 학습자에게는 매우 가치 있는 공부가 될
수 있네. 연예인처럼 시주를 모르는 명식을 가지고 기질이나 진로,
운의 변화 등 운동성을 끊임없이 추론하는 훈련을 한다면 통변
실력이 크게 향상될 걸세.

PD

국내 유일의 미슐랭 3스타 셰프 안성재 사주입니다. 시주時柱를
모르는 삼주 풀이로 그의 운명을 어느 정도 읽어낼 수 있을까요?

時柱	日柱	月柱	年柱
–	본원	비견	비견
?	辛	辛	辛
?	丑	丑	酉
–	편인	편인	비견

命

안성재 셰프는 신금辛金 일간에 금金 기운이 극도로 강한 명식일세.
辛金은 보석, 칼, 예리함인데, 그 뿌리가 유금酉金, 축토丑土에
단단히 박혀 있으니, 예리하고 섬세한 완벽주의자야.
축토 일지는 금고金庫이자 편인偏印의 인성을 깔았으니, 안으로
파고들어 끊임없이 연구하고 자신의 지식을 현금화하는 능력이
탁월하다네. 요리에서 칼을 다루는 칼잡이이자, 하나의 분야에
올인하는 전문가편인의 모습이지.

삼주만으로도 그의 직업 적성, 성격, 중년까지의 재물복은 분명히

드러나네. 다만 그가 미슐랭 3스타라는 명성을 말년까지 유지할 수 있을지는 시주를 알아야 정확히 판단할 수 있을 걸세.

실제 상담에서 태어난 시를 모르는 내담자에게 '사주를 볼 수 없다'고 단정하기보다는, 삼주로라도 내담자의 과거와 현재 상황을 파악하여 인생의 방향을 제시하는 건 충분히 가치 있는 일이네.

삼재三災, 미신인가 이치인가?

PD

신년 운세를 볼 때마다 삼재는 사람들에게 가장 큰 불안감을 안겨주는 단골 메뉴입니다. 삼재는 무조건 피해야 할 재앙인가요?

命

흔히 삼재가 들면 재물財, 건강病, 인간관계人 등에 재난을 겪는다고 알려져 있네.

삼재팔난三災八難이라 하여 이 기간에 남에게 욕을 먹어도, 일이 잘 안 풀려도, 도둑을 만나도, 부부싸움을 해도, 몸이 아파도, 시비가 생겨도, 학생이 공부가 곤두박질쳐도 모두 삼재 탓으로 몰아붙이지.

절집, 점집, 철학관 할 거 없이 삼재는 돈을 당길 수 있는 달콤한 사업 아이템이 되어버렸어. 삼재풀이나 부적, 굿 등으로 이를 피해야 한다는 말들이 무성하다네.

이놈의 삼재는 금방금방 돌아오는 거 같습니다. 도대체 어떤
원리로 생겨난 건가요?

삼재가 9년 주기로 3년간 머무르니 그렇게 느껴질 거야.
삼재는 띠年支를 기준으로 운의 흐름이 특정 지지의 운동과
충돌하면서 발생하는 현상일세. 이는 신살神殺의 영역에 있지만, 그
근본은 미신이 아닌 삼합三合의 운동성에 기반을 둔다네.

삼재는 삼합三合의 기운이 다음 계절의 방합方合이 시작되는
지점에서 충돌하는 3년을 말한다네. 예를 들어, 신자진申子辰, 水
운동 삼합이 인묘진寅卯辰 木 운동 방합을 만날 때, 그 처음 3년寅, 卯,
辰은 수 기운이 힘을 잃는, 십이운성[1]으로 병病, 사死, 묘墓에 임하는
시기가 바로 삼재 기간이 되네.

2026년 을사乙巳년에는 해묘미亥卯未생인 돼지띠, 토끼띠, 양띠인
사람들이 삼재에 들게 되고, 을사乙巳, 병오丙午, 정미丁未년 3년
동안 이어진다네.

병病, 사死, 묘墓라는 글자가 느낌이 세하네요. 어떤 의미죠?

병지, 사지, 묘지는 기가 물러나는 때退氣, 퇴기이므로 자연에
비유하면 '밖으로 활동하는 여름이 아니고, 안으로 내실을 다지는
겨울이다.'라고 이해하면 쉽겠지.
이 기간에는 **물질적인 활동보다는 정신적인 활동**이 필요한
시점일세.
일을 추진할 때 공격적인 투자나 외부적인 활동보다는 한발
물러서서 아이디어 창출이나 정신적인 활동, 예를 들면 공부를
통해 실력을 키우고 명상과 운동을 통해 내공을 기르는 게
현명하다는 거야.

'나는 삼재라서 안 되는 거야'라고 지레 자학 모드에 빠질 필요는
없겠네요?

삼재는 '만인에게 똑같은 대재앙'이 아닐세. 삼재의 작용력은
개인의 사주팔자에 따라 길흉吉凶이 극명하게 달라진다네.
사주 원국에 삼재의 기운地支이 용신이거나 희신에 해당할 경우,
오히려 삼재 기간에 성공, 승진, 재물 획득 같은 긍정적인 변화가
나타나지.
핵심은 '삼재' 자체가 아니라, 삼재의 지지가 내 사주에 필요한
기운인가, 아니면 해로운 기운인가를 분석하는 거야.

PD

그동안 우리나라 인구의 4분의 1인 1,200만 명에게 해마다 재앙이 닥친다는 게 상식적으로 이해가 되지 않았는데, 이제는 삼재라는 이름에 갇혀 두려워할 필요가 없겠군요?

命

삼재는 운명이 우리에게 던지는 '경고'이자 '방학'이네. 이 경고를 무시하지 않고, 방학을 수양으로 알차게 보낸다면, 삼재는 재앙이 아닌 인생의 퀀텀 점프Quantum Jump[2]가 될 걸세.

이사, 결혼, 사업 등 택일 방법

PD

새로운 사업을 시작하거나, 결혼식을 올리거나, 이사를 하는 등 인생의 중요한 전환점에서는 길일吉日을 택하게 됩니다. 대부분 역술가는 이 길일을 정할 때, 개인의 사주팔자에 길신吉神이 강한 날을 찾으려 합니다. 예를 들어, 재물운이 필요한 사람에게는 재성이 강한 날을 추천하는 식으로요.

命

그건 택일擇日이라는 술법術法의 본질적인 이치를 혼동하기 때문이야.
택일은 운세의 길흉을 예측하는 명리命理의 영역이 아니라. 시간의

에너지를 통제하는 술법의 영역에 속한다네. 따라서 택일은 개인의
사주보다 시간날짜 자체의 질이 우선일세.

PD

날짜 자체의 길흉을 먼저 파악한 후에, 사주팔자는 참고 자료로
활용하라는 말씀인가요?

命

택일의 근본적인 목적은 '가장 완벽하게 좋은 날'을 고르는 게
아니라, '만인에게 해로운 흉한 날을 피하는 거'에 있다네.
시간의 길흉을 논하는 『천기대요天機大要』는 일진日辰 자체에
내재된 에너지를 분석하여 길한 날과 흉한 날을 구분해 놓았어.

고수高手는 택일서를 통해 흉일을 먼저 제외하고, 시간의 흐름에
순응하는 길일을 1차로 선택한 후, 개인의 사주팔자를 대입하여
'목적에 맞는 에너지'를 더하는 방식으로 택일을 완성한다네.

사업은 재성財星을 취하는 행위이므로, 재물 기운이 왕성한 날을
택하는 게 좋겠지. 또한 재성을 보호하고 사업의 안정성을 더하는
관성官星이 힘을 받는 날을 추가로 고려한다네.
결혼은 배우자 관계의 안정성을 최우선으로 하므로,
배우자궁日支을 충沖하거나 형刑하지 않는 날을 고르고, 관계의
지속성을 상징하는 인성印星이나 관성官星이 안정적인 날을
선택하지.

성형은 몸에 칼을 대는 행위이자 외모를 바꾸는 행위이므로,
식상食傷의 기운이 강한 날을 선택하고, 흉살凶殺이나 파괴적인
충冲이 없는 날을 골라 사고나 부작용의 가능성을 줄이게 된다네.

택일에는 '출산 택일'도 있는데, 이는 일반적인 택일과는
다르겠군요?

일반 택일이 '이미 존재하는 사주'를 돕는 거라면, 출산 택일은
'아이의 사주팔자 그 자체를 창조'하는 행위일세.
출산 택일은 인간의 운명 자체에 개입하는 매우 복잡하고
철학적인 논쟁을 내포하고 있기에, 그 중요성과 논란의 깊이는
일반 택일과는 비교할 수 없네. 따라서 출산 택일에 대한 논의는
3부 3장에서 다루어야 할 별도의 숙제야.

일반적인 택일은 미신이 아닌 이치理致의 영역이며, 가장 흉한
날을 피하고 목적에 맞는 날을 선택하는 합리적인 자기 경영임을
인지하는 게 중요하다네.

"고요한 호수만이 산의 풍경을 비출 수 있다."
— 인도 속담

· · ·

1. **십이운성十二運星**: 천간과 지지의 관계를 통해 인간의 생로병사와 자연의
   변화를 12단계로 나눈 체계. 십이운성의 종류는 장생, 목욕, 관대, 건록, 제왕,
   쇠, 병, 사, 묘, 절, 태, 양이 있다.

2. **퀀텀 점프Quantum Jump**: 오랜 노력 끝에 갑자기 커리어가 급상승하는
   시점. 누적된 노력과 에너지가 임계점을 넘는 순간, 기존의 점진적 성장을
   뛰어넘는 도약의 순간이 찾아온다.

희용신에 따른 오행별 실생활 지혜

명리학의 최종 목적은 당신의 사주팔자命에 부족한 기운희신, 喜神을 채우고, 넘치는 기운기신, 忌神을 조절하여 음양오행의 균형을 이루는 것입니다. 이 실천 지침은 운명 경영의 가장 구체적인 방법입니다.

1. 木 (성장, 인성) - 인성과 창조

구분	행동 지침	환경 / 소품	음식 / 색상
희신일 때 채우는 지혜	기획, 교육, 창의적 활동, 인내심 기르기	숲, 공원, 나무 소재 가구, 녹색/청색 의류	채소, 신맛 음식, 곡물
기신일 때 다스리는 지혜	무리한 확장 자제, 분노 조절, 유연성 기르기, 휴식	불필요한 물건 정리金, 금속 장신구 착용	쓴맛火이나 매운맛金 음식으로 기운 조절

2. 火 (열정, 발산) - 발산과 표현

구분	행동 지침	환경 / 소품	음식 / 색상
희신일 때 채우는 지혜	적극적인 사회 활동, 운동, 자신감 표현, 발표	햇빛 많이 쬐기, 밝은 조명, 붉은색/보라색 의류	쓴맛 음식, 불로 조리한 음식
기신일 때 다스리는 지혜	명상, 독서水/인성, 충동적인 언행 자제, 냉정함 유지	수분 섭취, 조용한 곳, 어두운 계열水 의류	짠맛水 음식으로 열기 식히기

3. 土 (중재, 안정) - 안정과 신뢰

구분	행동 지침	환경 / 소품	음식 / 색상
희신일 때 채우는 지혜	책임감, 신뢰 지키기, 중재자 역할, 저축/투자	황토방, 산책, 노란색/갈색 의류, 부동산/토지	단맛 음식, 뿌리채소, 곡물
기신일 때 다스리는 지혜	고집 꺾기, 융통성 발휘, 타인 의견 경청, 환경 변화 시도	여행, 새로운 관계 맺기木, 활발한 움직임	신맛木 음식으로 기운 소통

4. 金 (결단, 전문) - 관성과 전문성

구분	행동 지침	환경 / 소품	음식 / 색상
희신일 때 채우는 지혜	목표 설정, 결단력 발휘, 전문 기술 숙련, 의리	흰색/은색/금속 장신구, 깔끔한 정리 정돈	매운맛 음식, 육류
기신일 때 다스리는 지혜	완벽주의 버리기, 타협, 봉사활동水, 부드러운 언어 사용	예술 활동水, 물가 가까이, 목욕/샤워 자주 하기	짠맛水 음식으로 기운 완화

5. 水 (지혜, 통찰) - 통찰과 유연

구분	행동 지침	환경 / 소품	음식 / 색상
희신일 때 채우는 지혜	독서, 공부인성, 통찰력 기르기, 언변 활용, 휴식	물가 가까이, 검은색/짙은 파란색 의류, 유동적인 공간	짠맛 음식, 해산물
기신일 때 다스리는 지혜	낭비/소모성 활동 경계, 목표 명확히 하기土, 계획성 강화	활동성 강화火 수용, 밝은 곳, 주변 정리	쓴맛火 음식으로 기운 조절

운명이
나에게 묻다

눈먼 거북이, 진리를 만나다

공부의 절대량은 늘어나는데 눈길이 흐릿해지다 또 길을 잃었다.
아둔한 머리 때문일까? 환갑還甲 노인의 세월 탓인가?
만학晚學의 즐거움을 주던 명리 공부가 외려 자존에 반창을 남긴다.
멈추기에는 너무 멀리 왔고 나아가려니 짙은 안개 속이다.
진퇴유곡이다.

요술 방망이인 줄 알았던 用神 찾아 천 리,
종격병從格病이란 주화입마에 빠지게 한 적천수滴天髓 따라 만 리,
이 선생, 저 선생 순례하던 길 잃은 양羊의 시간이 주마등처럼
스친다.
나름의 공부 머리는 있다고, 젊은이의 지식보다는 어른의 지혜가
현학玄學에는 빛을 발하리란 믿음이 있었는데, 어디서부터
잘못되었을까?

「억부 용신이나 격국 상신 그리고 조후 용신을 넘어서야 명리가
보이고 운을 볼 수 있을 것입니다.」
「길흉吉凶과 득실得失은 음양陰陽으로 공존하면서 들어오기 때문에
일방적인 호운好運, 흉운凶運은 절대로 없습니다.」
「용신운이고 상신운相神運이고 격운格運이라서 대발大發하고
만사형통한다고 통변을 한다면 할 말은 없으나 낮과 밤, 춘하추동은

함께 공존하고 있다는 걸 알아야 합니다.」
오래전 블로그에서 만났던 글귀다. 이제 미뤄왔던 만남의 시간을
가져야겠다.

시골 술사를 지금 만나러 간다.
덜커덩 덜커덩 기찻길이 봄꽃의 향연으로 이어진다.

問

역학 관련 교수 타이틀에 화려한 경력을 자랑하는 강사가 많은
수강생 앞에서 '허자虛字를 얘기하는 사람은 실력이 안 되니까
없는 글자로 꿰맞춰 소설을 쓰는 거다.'며 사기꾼이라던데요.

答

'허자나 음신陰神을 볼 줄 모르면 그건 외눈박이입니다.'

問

역학 서적을 내기도 한 자칭 도사 왈, '음포태陰胞胎를 본다는 사람
말을 듣느니 차라리 미신을 믿으라'며 입에 거품을 물던데요.

答

'음양의 이치를 모르기 때문입니다. 용감한 사람인 게죠.'

팔자를 볼 때 핵심은 바로 운동성을 보는 것입니다.

살기 위하여 몸부림을 치고 짝을 찾아서 결과물을 만들려고

활동하는 글자를 보는 것입니다.

선가仙家에선 불법을 만나서 진리를 알게 되는 것이 얼마나 소중한 인연인가를 일깨우는 눈먼 거북 이야기가 있다. 맹귀우목盲龜遇木[1]. 진리를 만나기가 이처럼 어렵고 귀하다는 뜻으로 쓰이는 비유인데 시골 술사와의 만남이 비밀의 문을 여는 단초가 될 수 있을까?

음양의 운동성이라……

돌아오는 길, 봇짐은 무겁지만 걸음은 가볍다.

---

1. **맹귀우목盲龜遇木**: 불교의 비유. '눈먼 거북이가 넓은 바다에서 백 년에 한 번 떠오른 나무 구멍에 목을 넣기'처럼, 진리를 만나기가 지극히 어렵고 귀하다는 의미.

1장

불교, 기독교, 명리학의 삼위일체三位一體

다름이 틀림이 될 때

PD

오늘날 우리 사회는 좌파니 우파니 편을 갈라 서로를 원수로 여기는 지경에 이르렀습니다. 젊은 남녀가 서로 반목하고, 젊은이와 늙은이가 서로 업신여기고 있습니다. 명리학적으로 본다면 음양은 '다름Difference'이지 '틀림Wrongness'이 아닌데, 사람들은 다름 대신 틀림으로만 세상 사물을 보는 것 같습니다. 명리학은 이 병든 사회의 갈등을 어떻게 읽어내야 합니까?

命

자네의 질문은 명리학이 이 시대에 던져야 할 가장 중요한 화두일세.

음양은 본래 '둘이지만 하나'라네. 해가 뜨면 달이 지고, 달이 지면 해가 뜨듯, 서로 대립하되 서로를 의지하고 완성하는 관계일

뿐이지. 다름은 우주의 순환 질서이지만, 그 다름을 틀림으로
규정하는 건 인간의 아집我執이 낳은 슬픔이라네.

명리학은 이 아집을 깨트리는 학문일세. 모든 진리는 결국 하나의
태극太極이라는 절대적 진리로 귀결되며, 이 통합의 지혜를 깨닫는
게 명리 공부의 최종 목표라네.

희기는 없다: 맹장盲腸의 역설

PD

초학 시절 '사주에 수기水氣가 강하여 병病'이라는 선생의 말씀에
해수亥水와 임수壬水 글자를 지독히도 미워한 적이 있습니다.
공부가 익어가면서, 열 손가락 깨물어 안 아픈 손가락 없는데,
'고작 여덟 글자에, 좋고 나쁜 구분이 있을까'하는 의문이
들었습니다.
희신喜神은 취하고 기신忌神은 버려야 한다는데 맞는 건가요?

命

자네도 알다시피 우리 인체에서 맹장은 오랫동안 특별한 기능을
담당하지 못하는 흔적기관으로 치부되어왔네. 한때는 개복開腹하는
큰 수술을 할 경우, 같이 떼어버리는 일이 빈번했어. 90년대
초반까지도 의료현장에서 행해졌을 정도로 '쓸모없는 존재'로
여겨졌지.

하지만 연구 결과, 맹장은 몸에 꼭 필요할 때 세균을 배양하여 장을
건강하게 만드는 '생명 유지의 숨겨진 창고' 역할을 하는 기관으로
밝혀졌다네.
'갑상선암 수술'이 횡행하는 의료현장이 오버랩하는군.

이처럼 대자연은 물론이고 인체라는 소우주小宇宙도 어느 하나
버릴 게 없듯, 하늘이 부여한 유전자 지도인 사주팔자에 어찌 버릴
글자가 있겠는가?

PD

사주에 해를 끼치는 기신은 마치 맹장과도 같군요. 쓸모없는
글자, 미워하는 글자가 어쩌면 '가장 중요한 잠재력의 창고'일 수
있겠어요.

命

희신과 기신은 따로 존재하는 게 아니네. 음양처럼 공존하며 **쓰기
나름**이지. 사주를 보는 목적은 버릴 글자를 찾기 위해서가 아니라,
주어진 여덟 글자를 효율적으로 쓸 지혜를 얻기 위해서일세.

時柱	日柱	月柱	年柱
비견	본원	정관	정인
己	己	甲	丙
巳	未	午	戌
정인	비견	편인	겁재

트럼프의 사주는 기토己土 일간에 인성과 비겁이 극도로
왕성하고 식상이 없네. 일반적인 관법으로는 '지나치게 게으르고,
고집불통이며, 실천력 없이 탁상공론만 일삼아 평생 큰돈을 벌기
어려운 흉격凶格 사주'로 단정하기 쉽네.

그런데 이 사주가 어떻게 세계 정상에 올랐을까요?

命

그는 흉凶이라고 배척한 기운을 가장 효율적인 무기로 썼기
때문이네.
'손 안 대고 코 푸는' 무식상無食傷이니, 자신이 직접 움직여서 돈을
버는 대신 아이디어印와 조직比劫을 동원하는 현대 경영인의 길을
찾았고, 기신인 인성이 비겁을 생하는 구조가 극대화되어 '자기
확신이 곧 종교가 되는 지도자'가 되었지. 흉인 비겁은 경쟁과
군중이니, 강한 비겁이 극단적인 동조와 지지를 이끌어 '왕'으로
군림한다네.

다만, 이 사주가 발복發福한 결정적인 요인은 그가 자신의 인성과
비겁을 시대가 요구하는 운運과 결합시켰다는 점일세. 21세기
대중의 분노와 불안이 극에 달했을 때, 그의 '자기 확신'인성과
'강한 군중 동원력'비겁이라는 기신忌神의 에너지는 시대적 운을
만나 '대중을 이끄는 카리스마'로 완벽하게 변환되었다네.

트럼프 사주는 흉하다고 배척하는 모든 기운을 '시대적 상황에
최적화된 성공 에너지'로 전환한 '희기는 없다'는 명제의 가장
강력한 증거일세.

불교 철학과의 통합: 색즉시공을 넘어 희기동소喜忌同所로

명리학 학습자가 희기喜忌 이분법적 사고를 버리지 못하는 이유는
길吉과 흉凶에 고정된 실체가 있다는 착각 때문으로 보입니다.

명리학의 '음양은 둘이 아니고, 희신/기신은 쓰임에 따라 다를
뿐'이라는 이치는 불교 철학의 비이원성非二元性과 근본적으로
통한다네.

반야심경에 **'색즉시공色卽是空이요, 공즉시색空卽是色이라'**는 구절이
있네.

색色은 눈에 보이는 모든 현상, 실체, 형상을 의미하지.
명리학에서는 사주팔자 8글자와 현실에서 드러나는 운명적 사건이
색色에 해당한다네.
공空은 본질적인 실체가 없는 잠재력, 무한한 가능성, 무형의

에너지를 의미해. 명리학으로는 지장간, 오운육기, 공협, 도충 같은 '보이지 않는 기운'이 공_空에 해당하지.

사주팔자 8글자는 고정된 실체가 아니네, 겉으로 보이는 기운_色은 그 바탕에 무한한 가능성을 담고 있는 잠재 에너지_空의 발현일 뿐일세.

PD

사주 공부하는 사람은 색_色을 양_陽, 공_空을 음_陰으로 바꾸어 보면 이해가 쉽겠네요. 음, 양즉시음_{陽卽是陰} 이라……

命

반야심경은 희신/기신이라는 분별심도 헛되다는 걸 증명한다네. **'무안이비설신의_{無眼耳鼻舌身意}요, 무색성향미촉법_{無色聲香味觸法} 이며, 무이역무_{無耳亦無} 라.'** 눈, 귀, 코, 혀, 몸, 뜻이 없는 것이며, 색깔, 소리, 냄새, 맛, 감촉, 법이 없는 것이다. '얻을 것도 없다'.

'얻을 것도 없다'는 무이역무는 곧 '영원히 취할 수 있는 길신_{吉神}도, 영원히 버릴 수 있는 흉신_{凶神}도 없다'는 걸 암시한다네. 명리학적으로는 '희기동소_{喜忌同所}'로 표현되지. 복_福이 있는 곳에 화_禍가 있고, 화가 있는 곳에 복이 있다는 뜻이라네.

불교 철학이 명리학에 주는 지혜는 '희신과 기신이 공존하는 운명'을 있는 그대로 수용할 때, 비로소 고통에서 벗어나 자유로워질 수 있다는 깨달음일세.

기독교 정신과의 통합: 예정설과 자유의지

PD

사주명리학과 불교 철학은 동양 사상이라는 큰 틀에서 맥을
함께 하지만, 기독교인들은 사주명리를 '하나님의 영역을 인간이
침범하는 미신'이라는 편견을 갖고 있습니다. 이들의 오해를 풀
방법이 있을까요?

命

'모든 것은 하나님의 섭리 안에 있다.' 『신약성경』 「로마서」 8:28
기독교인의 관점에서 하나님은 전지전능하시고 우리의 미래를
모두 아시는 분일세. 따라서 미래를 미리 아는 것은 신의 영역을
침범하는 것이고, 이는 신을 모독하는 행위라고 생각한다네.

명리학적으로 이 '하나님의 섭리'는 곧 인간이 태어날 때
부여받은 사주팔자命에 해당하네. 이는 '타고난 그릇' '에너지의
총량' '시간의 유전자 지도'와 같이 인간의 힘으로 바꿀 수 없는
숙명宿命의 영역이지.
사주는 미래를 예측하는 도구가 아니라, 신이 창조하신 나를
더 깊이 이해하고, 신의 뜻에 따라 더 올바른 삶을 살기 위한
도구라네.

기독교인은 운명이 정해져 있다면 인간의 자유의지는
무의미해진다고 나무랍니다.

命

성경은 인간의 자유의지를 중요하게 여기며, 스스로 선택하라고
명령하시지.
**"스스로 속이지 말라. 하나님은 만홀히 여김을 받지 아니하시나니
사람이 무엇으로 심든지 그대로 거두리라."** 『신약성경』 「갈라디아서」 6:7

명리학에서 이 '심는 행위'는 곧 운運의 영역에 해당하네, 흉한
운이라는 밭이 주어질 때, '자포자기'라는 씨앗을 심을지, '내면
수양'이라는 씨앗을 심을지는 오직 개인의 선택일세.
명리학은 운명을 경영할 지혜를 제공함으로써, 인간이 자신의
그릇에 맞는 삶을 충실히 살아가도록소명 이끌어주네. 이 충실한
삶의 태도야말로 '하나님의 영광'을 위한 삶에 가까워지는
길이라네.

PD

기독교 정신인 예정설은 명命이요, 자유의지는 운運이군요.
사주명리와 기독교는 평행선이라고 생각했는데, 같은 곳을
바라보고 있습니다.

命

사주팔자는 명命이요 색色이요 예정설이니, 양陽이 되고
시시각각 변하는 운運은 공空이요 자유의지니, 음陰이라네.

결국 불교, 기독교, 명리학이라는 세 가지 진리는 음양에서 만나게
된다네.
이 음양의 순환에서 모든 천지 만물의 생성과 소멸이 일어나지.

"운명이 우리에게 레몬을 준다면, 우리는 그것으로
레모네이드를 만들어야 한다."
— 데일 카네기 미국 작가, 강연가

• • •

1. **비이원성非二元性**: 불교 철학의 핵심. '둘이 아니다Not Two'라는 뜻으로,
   선/악, 희신/기신, 존재/비존재色/空처럼 나누는 분별심이 본래의 진리가
   아님을 의미.

2장

배운 게 없어
모르는 게 없습니다

계단 오르기: 지혜가 선물한 대통령상

중간관리자 업무를 마치고 현업으로 복귀할 때, 〈생로병사의 비밀〉 프로그램 연출을 자원했다. 가난한 사람이 더 아픈, 건강 불평등을 조금이나마 덜고 싶은 심정에서다. '돈 안 드는 건강' '생활 속의 건강'을 모토로 삼는다.

아이템을 찾을 때는 가능한 자료를 뒤적이지 않는다. 멍때리기를 통해 머릿속의 정보를 재활용한다. 불현듯 한 장면이 떠오른다.

국회의사당역 KBS 방향 출구는 계단이 100칸이 넘는다. 모두가 에스컬레이터에 몸을 싣는다. 홀로 계단을 이용하는 선배가 보인다. 지랄도 청춘이다. 그에게 퉁명스럽게 묻는다.
"선배, 다들 에스컬레이터를 이용하는데, 왜 굳이 힘들게 계단을 오르세요?"

"후배도 한번 해보게나. 하체 운동으로 최고일세." 악마의
유혹이다.
"혼자 그렇게 사셔서 천수를 누리시구려."

그 우연한 만남이 하필 지금 떠오를까?
지난 경험에 비추어보면 신神은 직접 말을 건네지 않는다. 스치듯
찰나의 깨달음을 통해 메시지를 전한다.
대통령상을 선물한 '계단 오르기' 아이템은 이렇게 태어났다.

무지의 지無知의 知

PD

명리학 공부를 하며 느낀 게 있습니다. 단순히 지식을 쌓는다고
운명의 이치를 깨치는 건 아닌 듯합니다. 왕도王道는 있습니까?

命

소크라테스는 당대의 현자나 지식인들과의 대화를 통해, 그들이
특정 주제에 대해 '안다'고 주장하지만 실제로는 '모르고 있음'을
발견했네. 소크라테스 자신은 적어도 **자신이 모른다는 사실을
알고 있다**'는 점에서, 자신을 '안다'고 착각하는 이들보다 더 나은
위치에 있다고 보았지.

진정한 공부는 자신이 모른다는 걸 인정하는 데서부터 출발한다네.

자신의 무지를 인정해야만, 새로운 걸 배우고 탐구하며 진리에
도달할 수 있어.
소크라테스가 '가장 지혜로운 사람'으로 인정받는 이유도 바로 이
'무지의 지'를 자각하고 실천했기 때문일세.

PD

아니, 웬 자다가 봉창 두드리는 소립니까? 그리고 '배운 게 없어
모르는 게 없다'는 말은 당최 무슨 소립니까?

命

우리가 처음 명리학에 입문할 때 배우는 '지식'들은 마치 거대한
시스템을 움직이는 '수많은 부품과 공식'과 같네.
신약하면 인비印比가 용신, 신강하면 식재관食財官이 용신이라는
억부抑扶의 공식, 사주에 용신이 보이지 않으면 종격從格으로
단정하는 종격병從格病, 신살神殺의 화려한 이름에 사로잡혀 운명의
큰 흐름을 놓치는 오욕 등 이러한 지식은 명리학이라는 거대한
학문의 '술術, Technique'에 불과하네.
부품에만 매달리는 장인에게 전체 설계도는 보이지 않는 법이네.
배운 지식이 눈을 가린 거지.

PD

그동안 달달 외웠던 수많은 공식과 이론이 명리학의 본질인
이치理致를 가로막는 장애물이었네요.
'배운 게 없다'는 건 지식知識, '모르는 게 없다'는 건 지혜智慧를

의미했군요.

命

맞네. 지식을 덜어낼 때 비로소 진정한 이치學, Philosophy가
드러나지. 그 이치는 간단하고 명료하네.
세상에 절대적인 길신吉神도, 절대적인 흉신凶神도 없다는
음양陰陽의 조화 원리, 운運은 명命을 거스르지 않으며, 다만 명을
이루는 환경일 뿐이라는 시공간時公間의 흐름 원리, 모든 일의
성패는 결국 나의 선택에 달려 있다는 인간의 자유의지 원리 등이
지혜의 길로 안내할 걸세.

자네는 PD로서 '계단 오르기' 아이템을 기획할 때, 도서관의
수많은 논문을 뒤지는 '지식의 탐닉' 대신 멍때리기라는 '비움의
시간'을 택했네. 그렇게 머릿속의 번잡한 정보가 사라졌을 때,
비로소 찰나의 깨달음이라는 지혜가 찾아와 대통령상을 안겨주지
않았는가.

명리학 공부도 마찬가지일세. 수많은 이론을 배우고 외우려 할수록
운명의 실체는 멀어지네. 배운 걸 모두 잊고, 오직 자연의 흐름인
음양오행의 원리만으로 돌아갔을 때 드디어 여덟 글자가 자네에게
말을 걸어오기 시작한다네.

PD

우리는 무언가가 복잡하고 어려울수록 더 가치 있다고 여기는데요.

진정한 지혜는 복잡한 걸 단순하게 만드는 데 있었군요.
그동안 지식을 가르치는 선생先生으로 알았는데, 오늘따라 지혜의
길로 안내하는 스승의 향기가 납니다.

命

나도 별로 아는 게 없는데, 자네에게 공자 왈 맹자 왈 하는 게
쑥스럽구먼.

흉운凶運을 극복하는 3수 앞의 제화 전략

PD

구슬이 서 말이라도 꿰어야 보배라고, '지식과 지혜의 간극'을
실례를 통해 살펴봐 주시겠습니까?

命

좋아. 명리학에서 지식과 지혜, 둘 사이를 메우는 핵심은
흉운凶運을 기회로 바꾸어내는 제화制化 전략에 있다네. 운명의
흉한 글자마저도 능동적으로 활용하는 지혜를 깨쳐야 하지.

時柱	日柱	月柱	年柱
편재	본원	식신	정인
壬	戊	庚	丁
子	辰	戌	巳
정재	비견	비견	편인

사주 공식지식을 철두철미하게 익힌 학습자는 디렇게 통변할 걸세.

"화토火土가 강한 신왕 사주니 인성印星이 기신이다. 공부와는
거리가 멀다. 경금庚金 식신은 강한 화기火氣에 극을 받고, 많은
토에 매금埋金될 처지라 능력 발휘가 어렵다. 월지가 공망空亡이고
일지와 진술충辰戌冲을 하니 안정적인 직장 생활이 어렵고,
부모와의 인연도 약하다.

무진 일주는 간여지동에 홍염살로, 일지 충이라 배우자와의 불화도
불을 보듯 뻔하다. 무진 백호살과 경술 괴강살의 충으로 큰 사고나
수술수를 피할 수 없다."

"어떤가, 맞말만 한 거 같지 않나?"

PD

이 사주의 주인공이 풀이를 직접 들으면 절망하겠습니다.

命

SKY 대학을 나오고 방송에서 입담을 자랑하는 전현무 사주일세.
신강신약을 전가의 보도로 여기고 희신과 기신, 이분법적 사고에
빠지면 남의 다리를 긁게 된다네.

지금이 병오丙午 대운이야. 흉운凶運으로 보이는데 최고의 전성기를
누리는 중이네. 왜 그런지 알겠나?

PD

천간으로 병丙운이 오면 경금 식신을 극하니 편인도식偏印倒食[1]이

되어 운이 나빠져야 하는데, 왜 잘나갈까요? 인성이 희신인가요?

어이구, 또 희기 타령이군. 운동은 기본기가 중요하듯, 공부도
첫걸음이 중요한데, 처음 길을 잘못 들면 한참을 돌아와야 한다네.

일반 술사는 이 운에서 재능식신이 억압된다고만 보지만, 지혜로운
통변은 그 안에서 재능을 살리는 능동적인 전략을 읽어낸다네.
흉凶은 우리를 힘들게 하려는 게 아니라, 살아남기 위한 새로운
방법을 찾아내도록 강요하는 운명의 숙제일세.

병화가 경금을 극한다는 1차적 지식에 갇히지 말고, 경금이 살기
위해 자식인 임수를 생하고, 그 임수가 병화를 극하여 다시 경금이
살아나 식신생재의 흐름을 완성하는, 운명의 제화制化 전략을
읽어내야 할 걸세.

아, 기억납니다. 생을 위한 극, '3수 앞을 내다보는 지혜'를
말씀하셨군요.

비극 속에 숨겨진 희기동소喜忌同所의 진실

命

이번에는 '같은 글자라도 쓰임에 따라 희기喜忌가 교차한다'는
희기동소喜忌同所의 지혜를 한번 알아볼까?

여명女命이야. 사주가 어때 보이는가?

PD

무슨 남자들이 이리도 바글바글합니까?

命

뭐 눈엔 뭐만 보인다더니. 마음공부부터 해야겠군.

비극적인 삶을 살았던 마릴린 먼로의 사주일세.
그녀는 신금辛金 일간으로 태어나 병화丙火 관성의 빛을 받았네.
이 병화는 그녀를 보석처럼 세계적인 스타로 빛나게 한 최고의
명예喜였지만, 동시에 그녀를 지치게 만든 수많은 남자 인연과
파괴적인 압박忌으로 작용했지.

그녀의 삶이야말로 '같은 글자라도 사회적으로 쓸 때와 육친적으로
쓸 때는 희기가 달라진다'는 희기동소의 극명한 증거일세.

지식은 사다리, 지혜는 날개

PD

교과서적인 풀이를 벗어나야, 보이는 것명예과 보이지 않는
것고통을 함께 읽을 수 있군요.

命

명리학은 **지식**知識**의 덧셈**이 아닐세. 수많은 이론과 공식을 외우고
더할수록 운명의 실체는 희미해지고, 예측의 정확도는 떨어진다네.
지혜智慧**는 뺄셈**일세. 배운 걸 덜어낼수록, 운명은 더욱 선명하게
드러나게 되지.

PD

제자에게 복잡한 공식을 더하게 하지 않고, 아집과 편견에서
벗어나도록 이끄는 선생이야말로 진정한 스승이라 할 수 있겠어요.

命

명리학의 지식은 사다리처럼 정해진 높이까지 오르게 하지만,
지혜는 운명의 한계를 넘어 날아오르는 자유의지自由意志의 날개가
될 수 있다네.

"배움이란 덧셈이 아니라 뺄셈이다. 쌓아 올리는 것이 아니라 덜어내는 것이다."

— 에릭 호퍼 미국 사회 철학자

• • •

1. **편인도식偏印倒食**: 편인이 식신을 극하여 '밥그릇을 엎는다'는 뜻으로, 활동·표현·건강·자식운에 제약이 생길 수 있는 구조를 이른다.

3장

출산 택일 사주가
꼭 좋을까?

PD

최근 우리나라 제왕절개 분만율은 미국의 두 배, 일본의 세 배
이상으로 급증하고 있습니다. 산모 3명 중 2명이 제왕절개로
아기를 낳습니다.

命

제왕절개가 늘어나는 이유는 복합적이네.
먼저 의료인의 방어 진료防禦診療를 들 수 있어. 분만 과정에서 만에
하나 태아에게 문제가 생기면 의료 분쟁과 거액의 배상 판결을
받을 수 있기에, 의사들은 자연분만보다는 제왕절개를 권유하게
되네. 얼마 전에도 의료진의 과실이 인정되어 약 6억 원의 배상
판결이 있었더군.
다음으로 늦은 결혼으로 인한 산모의 고령화와 불확실성이 강한
자연분만에 대한 두려움 때문이라네.

천기누설과 금전적 유혹

설마 아이에게 '좋은 사주팔자'를 선물하겠다는 부모의 욕망과
산모의 고통 회피에 편승한 의료인의 상업적인 이익 추구 때문은
아니겠죠?

그럴 리가, 부처 눈에는 부처가 보이는 법.
도계陶溪 박재완 선생의 제자셨던 노석老石 유충엽 선생은 생전에
딱 두 번 출산 택일을 해준 적이 있었는데, 그때마다 본인에게
좋지 않은 일이 일어났다고 하는군. 선생은 이를 '천기天氣를
누설한 과오 때문'이라고 생각하셨고, 이후로는 무수한 요청을
거절하셨다네.

출산 택일이 고가高價에 이루어지는 현실 속에서, 역술인에게
이 행위는 천기누설의 업보를 감수해야 하는 양날의 칼과 같네.
결국 출산 택일은 부모의 절박한 소망과 역술인의 상업적 유혹이
교차하는 지점이며, 이 무거운 윤리적 책임감은 명리학자가
돈벌이를 넘어선 자연의 순리를 겸손하게 따르는 소명을 가져야
한다는 걸 증명하지.

차포 떼고 장기 두기

PD

그런데 윤리적 문제 외에도, 택일이라는 행위 자체가 현실적으로
많은 제약이 있다면서요?

命

일단 택일의 기간이 굉장히 제한적이야.
병원에서 알려주는 수술 가능 기간이 10일에서 길어야 보름
정도라네. 이렇게 되면 팔자 중에서 년年과 월月은 거의 정해진
상태가 되고, 일日과 시時를 통해 '좋은 사주'를 찾아낼 수밖에
없어.
여기에 토·일요일 빠지고, 하루 중 진시辰時에서 신시申時까지로
한정되다 보니, 역술가는 차·포를 떼고 장기를 둬야 하는 상황에
놓이게 되지.

'종격병'과 천추의 한

PD

제왕절개 분만이 주로 낮에 이루어지다 보니, 요즘 아이들이
'화火가 많아졌다'는 우려가 있습니다. 만약 이미 정해진 년·월에
화기火氣가 많다면 엎친 데 덮친 격입니다.

命

2025년 10월에 출산 예정인 아이를 예로 들어볼까?
을사乙巳년 병술丙戌월이니 년·월이 화기가 왕성한 시기이네.
이 아이에게 부족한 금수金水 기운을 보충하려면 저녁이나 밤에
태어나야 오행의 균형을 이룰 수 있는데, 정반대인 화기火氣를
더하는 시간밖에 없으니 이럴 때 역술가는 대략난감이지.

PD

자연분만이 가능한데, 굳이 제왕절개를 고집했다면 부모는
아이에게 지울 수 없는 죄罪를 짓는 거네요? 택일을 의뢰받은
역술가도 골치가 아프겠는데요?

命

궁하면 통한다고, 이럴 때 천학淺學의 역술가는 신의 한 수?를
끄집어낸다네.

時柱		日柱		月柱		年柱	
편관		본원		식신		겁재	
庚		甲		丙		乙	
午		寅		戌		巳	
상관		비견		편재		식신	

PD

아하, **종격從格 사주**를 만들었군요?

공부가 많이 무르익었네. 아직 하산下山 안 했는가?
오행이 한쪽으로 치우친 종격 사주는 『적천수천미』滴天隨闡微에서는
대부대귀大富大貴할 명이라고 논하지.

손수 종격 사주를 완성한 역술인은 곰방대에 불을 붙이며
읊조리기를
"갑목 일간이 지지 사화에 인오술 삼합하니 화왕火旺하다. 식상이
삼합하고 천간으로 투출하였으며 거스르는 오행이 없으니, 일간이
식상兒을 따라가는 종아격從兒格이다.
목화통명하니 인물이 빼어나고 머리가 비상하며 솔직담백하다.
베푸는 기질이 강하여 많은 사람을 거느릴 수 있는
귀격貴格이다."라며 장광설로 마른침을 튀길 거야.

PD

부모에게는 최고의 덕담입니다.
하지만 종격 사주는 희기가 극명하게 갈린다고 합니다. 운이 좋을
때는 큰 성취를 이루지만 운이 나쁠 때는 급전직하하여 나락으로
떨어지게 된다네요. 한마디로 롤러코스터 인생이 되겠죠.

命

칭찬은 술고래도 춤추게 하는군.
이와 똑같은 사주를 가진 사람의 삶을 살펴보면 진위가
드러나겠지?

60년 전, 같은 사주를 가진 여성의 인생 역정은 종격 사주의
허망함을 극명하게 보여준다네.
'성격이 급하고 참을성이 없으며 끈기가 부족하다. 부동산
중개업을 했지만 재미를 못 보고 경인 대운 병술년에 쫄딱
망했다. 경금庚金 편관 남편은 아내에 대한 배려가 없는 강압적인
남편이었고, 물이 없어 부부 관계를 하면 통증만 가중되어 각방을
썼다. 결국 신묘 대운에 유부남 애인까지 생겼다.인술로 병신 암합'

돈 때문에 풍파가 생겨 홧김에 서방질한 것이니. 이것이 어찌
대부대귀할 귀격의 삶이라 할 수 있겠나? 종격 사주의 유혹은
달콤하지만, 실은 금단의 열매요 독이 든 성배일세. 실제 간명
현장에서는 대부대귀한 종격 사주를 만나기 어렵다네.

오행이 한쪽으로 기울어지면 인생 여정도 균형을 잃고
기울어지는 게 자연의 이치군요. 어느 부모가 아이 인생이 '미친놈
널뛰기하기'를 바라겠습니까?

이혼은 확정된 미래

이번에는 **십신十神에 대한 이해** 부족으로 인한 실패 사례를
살펴볼까?

時柱	日柱	月柱	年柱
겁재	본원	편관	편인
丁	丙	壬	甲
酉	辰	申	辰
정재	식신	편재	식신

역술가는 왜 이 날짜와 이 시간으로 택일했을까?

PD

병화丙火 일간에 임수壬水는 강휘상영江暉相映, 반짝이는 강물 위에 태양이 떠니 더욱 아름답다이라고 하여 진신眞神 조합입니다. 일간이 지나치게 약하니 시간時干의 정화丁火 겁재가 힘을 보탭니다.

命

어휴, 다시 입산入山하시게나.

신약한 일간에 힘을 보태기 위해 비겁比劫을 사용하는 것은 가장 일반적인 보강 이론일세. 하지만 천간의 비겁과 지지의 록왕祿旺[1]은 그 작용이 완전히 다르며, 이를 혼용하면 운명을 파국으로 몰고 간다네.

천간의 정화 겁재는 호시탐탐 임수 관성과 짝을 지으려 하지. 여명에게 관은 직장이자 남편이니, 직장생활에서 경쟁에 밀리거나 배우자가 한눈을 팔게 된다네. 일찍 결혼하면 이혼은 확정된 미래일세.

일간의 뿌리가 되는 갑오시甲午時와 을미시乙未時가 있는데,
안타깝군.

아이의 사주는 신의 작품이다

PD

그러면 역술가가 출산 택일로 절대 선택하지 않을 사주팔자도
있나요?

命

時柱	日柱	月柱	年柱
–	본원	정인	겁재
?	庚	己	辛
?	戌	亥	未
–	편인	식신	정인

삼주三柱로 봐도 인성인 토가 너무 많지. 일간이 토에 묻힐 수 있고,
재주를 펼치는 식상을 못 쓰게 할 수도 있어.
더하여 일지에서 천간으로 신금 겁재가 올라왔으니 지기 싫어하는
성격에, 경쟁자에게 뒤처지고 재물이나 배우자를 뺏길 수도
있겠지.
무엇보다 경술 괴강 일주 여명은 과격하고 남자를 이겨 먹으려
하여 부부궁이 크게 흉해. 남자의 무덤을 깔고 앉아 있는 격이라

남편 잡아먹을 팔자라고 본다네.

좋지 않은 점만 나열해 봤지만, 역술가가 출산 택일한다면
십중팔구는 이날을 선택하지 않을 거야.

PD

금수상관격金水傷官格이니 지혜롭고 감성적이며, 창의력·표현력이
빼어날 거 같습니다. 해미亥未로 목木, 재성 운동을 하니 재물운도
안정적이고요.

命

자네는 오늘 종일 산문山門을 들락날락하는구나.
이 사주의 주인공은 넷플릭스 화제작 〈케이팝 데몬 헌터스〉에서
'루미'의 노래 목소리를 맡고, OST 작곡까지 해낸 이재본명
김은재일세.

역술가는 출산 택일할 때 오행이 골고루 갖추어지고, 형충이
없으며, 백호살이나 괴강살 같은 에너지가 강한 신살도 피하고,
합이 많아 다정다감한 사주를 우선으로 한다네. 하지만 사주가
'착하다'고 행복과 성공을 담보하지는 않네.

PD

자연분만한 아기들은 엄마의 산도産道를 통과하며 '미생물
샤워'를 통해 면역력에 필수적인 유익균을 물려받는다고 합니다.

제왕절개는 이 과정이 생략하게 되니 면역력이 부족하게 되고, 아이가 자라면서 천식, 아토피, 비만 등 여러 질환에 취약할 수 있다는 연구 결과가 심심찮게 쏟아집니다.

命

운명도 마찬가지일세. 자연의 섭리를 거스르는 인위적인 시간 선택은, 아이의 타고난 '생명력'과 '맷집'을 약화시킬 수 있다네. 부모의 역할은 운명에 대한 창조주가 아니라, 아이의 타고난 그릇命을 겸손하게 읽고 이끄는 안내자여야 하네. 부모의 과한 욕심이 아이에게는 재앙이 될 수도 있는 게 출산 택일일세.

"順天者存 逆天者亡." 순천자존 역천자망

하늘의 뜻을 따르는 자는 보존되고, 거스르는 자는 망한다.

―『맹자孟子』등 동양 고전에서 유래

• • •

1. **록왕祿旺**: 12운성十二運星 중 건록建祿과 제왕帝旺에 해당하며, 각각 자립의
   완성 단계와 최고의 활동기를 의미한다.

4장

작명계의 민낯: 국보보다 개인 논문

작명의 핵심, 오행이 흔들리다

PD

지난 장에서는 출산 택일의 허와 실을 짚어봤습니다. '좋은 사주四柱'를 만들어 주려던 부모의 욕심이 오히려 아이의 운명을 왜곡할 수 있다는 무거운 결론이었죠. 이번에는 이름, 즉 작명作名의 세계로 들어가 보겠습니다.
사주만큼이나 이름 역시 아이의 운명을 보완한다고 해서 많은 돈을 주고 짓는데, 이 작명 이론에 심각한 오류가 많다고 들었습니다.

命

좋은 이름이란 사주의 부족한 오행을 한자漢字의 뜻과 소리發音로 보완하여 균형을 잡아주는 게 핵심일세. 하지만 작명계에서는 그 근본인 '소리 오행'에서 국보國寶급 진리를 외면하고, '획수

수리'라는 일제 잔재를 답습하는 민낯을 보이고 있지. 지금도 작명
앱이나 작명소 대부분이 잘못된 이론을 따르고 있을 걸세.

전 세계가 한글의 우수성에 열광하는 이 시대에, 우리 스스로가
국보의 과학성을 외면하고 잘못된 이론을 맹종하는 현실이 참으로
안타깝고 속상한 국가적 수치일세. 이 모든 문제의 근원은 학문적
양심이 아닌 상업적 이익에 있다네.

PD

소리 오행에서 논란이 되는 것은 훈민정음『해러본』과『운해본』중
무엇을 따르느냐의 문제죠. 국보인『해례본』이 정답 아닌가요?

命

부끄러운 얘기를 하려니 참 거시기하네.
세종대왕이 직접 창제 원리를 설명한 훈민정음『해례본』은 목구멍
소리 ㅇ, ㅎ를 수水로, 입술 소리 ㅁ, ㅂ, ㅍ를 토土로 명확히 규정하고
있지. 이는 국립국어원에서도 정론임을 확인한 사실일세.

하지만 시중의 작명가들은 정반대인 운해본의 오행 배속을 따르네.
그들의 주장은 "입술 소리 ㅁ, ㅂ, ㅍ는 소리를 낼 때 수분이 섞여
나오므로 물水의 기운이 맞다. 목구멍 소리 ㅇ, ㅎ는 모든 소리의
모체로서 중성적인 성격을 가지므로 흙土이 맞다"는 거야.

PD

그들은 왜 다른 논거를 들며 국보의 과학성을 부정할까요?

命

여기에는 역사적 연유가 있다네.

1504년 갑자사화를 기점으로 연산군은 어머니 폐비 사건과
관련한 한글 비방 투서에 노하여 **언문금지령**을 내린다네. 한글
탄압에『해례본』은 생존을 위해 소실되거나 숨겨졌다가 1940년이
되어서야 발견되었지.

이 비극적인 400여 년의 공백 동안, 사람들은 한글의 창제 원리인
해례를 접할 수 없었고, 그 자리를 1517년 최세진의『사성통해』나
1750년 신경준의『훈민정음 운해』와 같은 후대 학자들의 사견이
메웠다네.

특히『운해본』은 목구멍 소리와 입술 소리의 오행 배속을 뒤바꾼
역사적 실책을 담고 있었고, 이것이『해례본』이 발견되기 전인
1930년 조선어학회를 통해 연재되면서 검증 없이 정설처럼
굳어져 버린 게야.

PD

아니 그래도 그렇지, 500년 가까이 숨겨져 있다가 발견된 국보를
외면하고, 한 개인의 오류를 범한 개인 논문집의 내용을 따른다는
게 말이 되나요?

命

인간이 눈앞의 진리를 외면하는 이유는 여러 가지일세. 아무리
명확한 진실이 눈앞에 있어도, 그것이 자신이 믿어온 생각과
다를 경우 무시하거나 부정하려고 하네. 또 우리의 뇌는 익숙함을
버리고 새로운 길을 택하는 걸 매우 힘들어하지.

한글은 단순한 소리가 아닌, 우주 만물의 이치를 담아 창제된
문자일세. 세종대왕은 목구멍 소리 ㅇ, ㅎ가 깊고 윤택하여 두루
통하는 모습을 물水에, 입술 소리 ㅁ, ㅂ, ㅍ가 모지고 합하여 만물을
머금는 모습을 땅土에 비유했네.
「喉邃而潤 水也. 후수이윤 수야
목구멍후음은 입안의 깊은 곳에 있고, 젖어 있으니 오행의 수水이다.
脣方而合 土也. 순방이합 토야
입술순음은 모나지만 합해지므로 오행의 토土에 해당한다.」

이는 단순한 물리적 현상을 넘어선 철학적이고 과학적인 비유이며,
한글이라는 문화유산의 우수성을 증명하는 핵심 원리일세.
세종대왕과 집현전 학자들이 음양오행, 음운학, 역易철학을
융합하여 수년에 걸쳐 완성한 『해례본』의 방대한 창제 원리를
제대로 알지 못한 채, 후대의 불완전한 개인 논문을 창제자의 정통
이론보다 우월하다고 주장하는 것 자체가 난센스야.

수리수리 마수리: 일제 잔재 '81수리'의 허구성

PD

81수리 성명학은 난해한 숫자를 끌어와서 '전문적이고 특별한
이름'이라는 착각을 심어주는데, 이것도 일제 잔재에 뿌리를 두고
있다면서요?

命

그렇다네. 81수리는 '수리수리 마수리 돈 나와라 뚝딱'을 외치는
요술 방망이와 같네. 작명가들은 이름 짓는 이론만도 주역성명학,
신살성명학, 파동성명학 등 10가지가 넘는 복잡한 이론을
나열하며 호주머니를 털어내는데, 그 중심에 바로 81수리가
있다네.

이 이론은 이름의 한자 획수를 더해 원격元格, 형격亨格, 이격利格,
정격貞格이라는 네 가지 숫자를 도출하고, 이 숫자들이 초년, 중년,
장년, 노년의 길흉을 결정한다고 주장하네. 이 네 숫자를 81가지
길흉 풀이에 대입하여 이름의 운명을 판단하는 방식일세.
1928년 일본의 구마사키 겐오熊崎健翁가 창안한 것으로
일제강점기인 1940년 창씨개명의 수단으로 우리나라에
유입됐었지.

PD

작명계는 이 이론이 송대 채침의 81수에 근거한다고

주장하던데요?

命

채침의 81수는 자연 만물의 생장소멸 과정을 설명하는 철학적
수일 뿐, 사람의 이름을 한자 획수로 조합하여 길흉을 판단하라는
내용은 그 어디에도 없다네. 실제로 이 81수리 이론으로 유명인의
사주를 풀면 그 허망함이 명확히 드러나지.

블랙핑크 로제의 본명은 박朴, 6획 채彩, 11획 영英, 11획이야.
이를 81수리로 풀면 초년운이 '중절격 단명운'으로 흉凶이 나와.
어린 시절 부족함 없이 자라고 세계적인 성공을 거둔 현재의 삶과
정반대지.

이름에 잘 쓰이지 않는 한자, 획수가 아주 많은 한자를 사용하여
작명했다면 대부분 81수리를 억지로 꿰맞추기 위해서였을 거야.

PD

제가 한자 세대라 '불용한자不用漢字'의 근거도 궁금합니다.

命

불편한 진실을 많이 물어보는군.
작명계에서는 특정 한자가 '재앙' '파란' '사별' 등의 의미를
내포하여 쓰면 안 된다는 목록을 만들어 부모들을 겁박하지.
하지만 그 목록은 작명가마다 다르고 근거가 전혀 없다네.

멀리 갈 거 없이 역대 대통령의 이름에서 불용한자를 한번
찾아볼까?

김영삼 대통령은 영泳자가 불용한자라네. 泳헤엄칠 영, '운명이
불안정하고 방황하여 재물을 잃는다.' 노무현은 武굳셀 무,
'고독하고 병고가 따른다.' 이명박은 明밝을 명, '배우자를 극하고
외롭다,' 문재인은 寅범 인, '평생 풍파가 끊이지 않는다.' 윤석열은
錫주석 석, '이별, 재앙이 따른다.' 이재명 대통령은 在있을 재, '재물
복이 없어 빈곤하다.' 등 다들 불길한 의미의 한자를 갖고 있네.
불용한자라는 이론 자체가 권력자부터 평범한 사람까지 아무런
영향도 미치지 못하는 허상이야.

밥그릇과 침묵의 카르텔

PD

이렇게 국보급 진실과 명백한 허구가 드러났는데도, 작명계는 왜
잘못된 이론을 죽어도 고치지 않는 걸까요? 세계적으로 한글의
우수성이 인정받는 이 시기에, 스스로 국보의 권위를 부정하는
것이 너무 부끄러운 일 아닙니까?

命

작명가들이 오류를 고집하는 이유는 단순 명쾌하게 '밥그릇'
문제로 귀결되네.

과거를 부정하는 순간 대규모 환불사태를 맞을 걸세. 수십 년간

비싼 돈을 주고 '좋은 이름'이라고 지어준 이름들이, 오행과 수리
모두 틀린 '잘못된 이름'이 되는 걸 인정하기 싫겠지. 이는 작명가
개인의 명예와 경제적 기반을 송두리째 무너뜨리는 게 되네.
그들은 '잘못을 인정하느니, 차라리 침묵하거나 억지 논리를 펴는'
카르텔을 형성하고 있는 걸세.

국립국어원의 직무 유기

PD

결국 작명계의 자정 노력은 연목구어라는 이야긴데, 국가 기관인
국립국어원의 태도는 더 큰 문제 아닙니까? 훈민정음에 대한
논란이자 세계문화유산의 가치와 직결된 문제인데, '민속의
영역'이라며 나 몰라라 하는 것은 국민에 대한 무책임이자
직무 유기나 다름없습니다.

命

국립국어원은 『해례본』이 정론임을 학문적으로 확인해주었으나.
상업적인 영역이라는 이유로 그 이상의 적극적인 개입을 회피하고
있네. 소극 행정의 표본일세.

훈민정음의 오행 원리는 단순히 작명 이론을 넘어선 한글의 창제
이념이자 철학적 근본이야. 이러한 근본이 상업 논리에 의해
왜곡되는데도 '민속'이라는 모호한 경계 안에 방치하는 것은

스스로 문화유산 관리자로서의 책무를 포기하는 것과 같네.
작명계가 자정을 포기한 상황에서 국가 기관마저 침묵한다면, 그
피해는 고스란히 선량한 국민에게 돌아갈 뿐이지.

명운命運과 자유의지 그리고 이름

PD

작명계는 이름의 중요성을 호도하기 위해 사주 50%, 이름 30%,
노력 20%처럼 비중을 정해 홍보합니다. 이름이 운명의 30%를
차지할 만큼 압도적으로 중요합니까? 이름의 올바른 의미와
가치를 알고 싶습니다.

命

허무맹랑한 소리일세. 계량화할 수 없는 운명을 숫자로 나누어
파는 것은 자신의 밥그릇을 지키기 위한 상업적인 술책에
불과하네.
명리학의 근본을 잊지 말게. 우리 인생에는 세 가지 거대한 축,
명命, 운運 그리고 자유의지선택가 존재하며, 이름은 그저 미약한
보조 수단일 뿐이지.

명命은 사주팔자로 이미 타고난 그릇과 잠재력을 의미하며,
운명의 가장 근본적인 토대일세. 운運은 시대의 흐름과 내가
선택하는 환경, 노력의 방향성을 포함하여 이 명命의 그릇을

채우는 시공간적 요인이지. 그리고 그 위계를 초월하는 것이 바로
자유의지일세. 이름이 아무리 좋다고 한들, 잘못된 선택은 운명을
파국으로 몰고 가니까.

PD

이름은 운명을 좌우하는 절대적인 요소가 아니었어요.

命

작명은 명리학의 깊은 통찰과 한글에 담긴 과학성 그리고 부모의
따뜻한 마음이 합쳐져 이루는 예술이어야 하네.
운명을 바꾸는 것은 이름의 획수가 아니라, 이름에 담긴 부모의
정성과 그 이름이 불릴 때 발생하는 긍정의 에너지를 받아들이는
아이의 마음가짐이라는 걸 잊지 말아야 할걸세.

"정직이야말로 모든 지혜의 시작이다."
— 아리스토텔레스 그리스 철학자

5장

시대에 따라 사주 풀이는 바뀌어야 한다

600년 전 직업론의 한계

PD

최근 아마존이 2033년까지 60만 명의 인력을 로봇으로 대체하며 고용 없는 성장을 선언했고, 다크 팩토리가 현실로 다가오고 있습니다. 600년 전 농경사회의 주된 노동력이 이제 AI에 의해 파괴되고 있는데, 사주 해석의 틀은 여전히 옛날 잣대에 갇혀 거대한 변화를 설명하지 못하는 것 아닙니까?

命

명리학의 근본 원리는 변치 않지만, 그 원리가 현실에서 발현되는 현상, 즉 물상物象은 끊임없이 진화해야 하네. 600년 전 명리학의 시대에는 땅을 파고土, 물류를 나르는水 단순노동이 경제의 근간이었고, 이 일들은 가장 안전한 생존 수단이었네. 하지만 지금 AI가 가장 먼저 파괴하는 일자리가 바로 그 단순 반복 노동일세.

고전이 관인상생官印相生은 관료라고 했다고 모든 사주를 공무원 시험 준비만 시킬 수는 없지 않은가?

PD

그런데 AI 개발자나 금융공학자 같은 첨단 전문직은 도통 어느 오행, 어느 십신으로 풀어야 할지 모르겠습니다.

命

사주가 우리에게 알려주는 것은 '의사'라는 명패가 아니라, '사람의 생명을 다루는 정밀한 금金의 기운과 지혜로운 수水의 통찰력이 필요한 그릇'이라는 본질적인 에너지의 코드일세. 명리학은 살아있는 학문이야. 시대의 변화에 따라 해석의 격格을 높여야 하네.

오행 에너지의 현대적 재해석

PD

그렇다면 명리학의 가장 기본적인 언어인 오행五行의 에너지를, 이 첨단 사회에 맞게 어떻게 재해석해야 합니까? 과거의 단순한 물상에서 벗어나, 현대인의 잠재력을 읽어줄 수 있는 새로운 언어가 필요합니다.

命

십신十神과 오행의 본질적인 기운을 현대적 물상으로 치환하는
훈련이 필요하다네. 오행이 현대 첨단 사회에서 어떻게 발현되는지
구체적인 예를 들어 설명해 주겠네.

첫째, **목木의 기운은 '성장과 기획력'**일세.
고전에서는 나무처럼 위로 솟아오르는 기운이라 하여 교육이나
농업 등으로 해석했지. 하지만 현대 사회의 木 기운은 '새로운 걸
창조하는 능력'일세. 따라서 IT 스타트업, 콘텐츠 기획자, 시스템
확장 컨설팅, 브랜딩 전문가 등 새로운 영역을 개척하고 기획하는
모든 분야로 해석해야 하네.

둘째, **화火의 기운은 '속도와 확산'의 빛**일세.
과거에는 빛과 열정이라 하여 언론, 방송 등으로 해석했네.
하지만 AI 시대의 火 기운은 '가장 빠른 속도로 정보를 전파하고
시각화하는 에너지'일세. AI 반도체 설계자, 메타버스 콘텐츠
기획자, 실시간 라이브 스트리머, 네트워크 통신 전문가 등 빛과
속도를 다루는 첨단 분야로 진화했지.

셋째, **토土의 기운은 '중개와 플랫폼 구축'**일세.
모든 것을 포용하고 중개하는 땅의 기운은 과거 부동산이나
중개업에 국한되었네. 하지만 현대의 土 기운은 '온라인/
오프라인을 막론하고 사람과 정보를 연결하는 인프라'를 의미하네.
데이터 저장 관리 전문가, 대형 플랫폼 기획자, 사회적 인프라

개발자 등으로 해석해야 하네.

넷째, **금金의 기운은 '정밀성과 결단력'**일세.

쇠처럼 단단하고 예리한 기운이라 하여 법률이나 무관_{군인/경찰}으로
해석했지. 하지만 현대의 金 기운은 '오차 없는 분석과 정밀한
관리' 능력일세. 정밀 금융공학, 로봇 수술을 포함한 정밀 의료,
빅데이터 분석, 컴플라이언스_{법률 기술} 전문가 등 극도의 정확성을
요구하는 분야로 재해석해야 하네.

다섯째, **수水의 기운은 '지혜와 통찰력'**일세.

물처럼 유연하고 흐르는 기운은 유통이나 사상가로 해석했지.
현대의 水 기운은 '무형의 가치를 탐구하고 미래를 예측하는
통찰'일세. 미래학자, 심층 분석 연구원, 생명공학, 명리학자와
같은 철학적 컨설턴트 등 근본 원리를 탐구하고 지혜를 활용하는
분야로 해석해야 할걸세.

PD

AI 시대에 두각을 나타내는 사업가의 사례를 통해 오행 해석의
진화를 구체적으로 보여주시면 좋겠습니다. 최근 엔비디아 CEO
젠슨 황_{Jensen Huang}이 방한하여 삼성, 현대자동차 회장 등과 치맥을
즐기며 GPU 26만 장을 한국에 우선 공급하기로 약속한 것은 향후
AI 시대에 한국 경제에 역사적인 사건으로 기록될 겁니다.

命

時柱	日柱	月柱	年柱
–	본원	정재	식신
?	辛	甲	癸
?	卯	寅	卯
–	편재	정재	편재

젠슨 황은 태어난 시간에 상관없이 재다신약財多身弱 사주군.
'재물은 많지만, 자신의 기운이 약해 재물을 제대로 누리지
못한다'고 보면 안 되는 또 하나의 증거일세. 누군가는 대운을 보지
않고 종재격從財格으로 보겠지.

연월일에 걸쳐 강력하게 자리 잡은 재성財은 목木 오행일세. 목
오행은 계절로는 봄, 만물의 시작과 성장을 의미하니, 목 재물의
속성은 단기적인 현금보다 장기적인 성장 가치에 집중하네.
엔비디아의 GPU는 단순히 제품이 아니라 AI 혁명이라는 거대한
생태계를 키워내는 씨앗일세. 나무가 뿌리를 내리고 가지를 뻗듯,
목 재물은 네트워크, 연결, 확장을 통해 규모를 키운다네.
엔비디아가 전 세계 데이터 센터와 AI 연구의 핵심 연결고리가
된 것과 일맥상통하지. 미지의 땅에 씨앗을 뿌려 숲을 만들 듯,
남이 하지 않은 영역GPU, AI에서 새로운 가치를 창출하고 시장을
선도하는 경향이 강하다네.

젠슨 황의 재성이 목 오행이라는 건 그가 단순히 돈을 버는 사람이

아니라, AI라는 새로운 생태계와 인프라를 창조하고 확장하는
'시대의 건축가'가 될 수밖에 없었던 명리학적 근거라네.

패러다임의 변화: 단점을 축복으로

PD

고전 명리학은 고독살孤獨殺이나 백호살白虎殺처럼 부정적인
시각으로 용어를 사용해 사람들을 위축시켰습니다. 이제는 사주
해석의 패러다임을 전환할 때입니다.

命

물론이네. 명리학이 '절망을 파는' 학문은 아니잖은가. 과거 왕조
사회에서 통제하기 어려운 기운을 '살殺'이라는 부정적인 용어로
가두었을 뿐, 그 기운의 에너지 자체는 선악이 없다네. 대표적인
예를 들어볼까?

첫째, **도화살桃花殺은 '인기의 축복'**일세.
고전에서는 이성과의 문제나 색정色情으로 해석했지만, 현대는
'대중적 매력과 자기 PR 능력'의 상징이지. 연예인, 유튜버,
인플루언서처럼 자신의 매력을 자원으로 활용하는 직업에 이보다
더 좋은 에너지는 없다네.

둘째, **괴강/백호魁剛/白虎는 '위기관리 리더십'의 축복**일세.

강한 살기殺氣는 과거 파괴적인 힘으로 읽혔지만, 현대 사회에서는
'위기 상황을 해결하는 절대적인 통솔력'과 '강력한 카리스마'로
발현되네. 외과 의사, 군/경찰 지휘관, 대형 프로젝트 매니저처럼
생살권生殺權을 행사하거나 극한의 결단이 필요한 분야에 이
기운이 없다면 조직을 이끌 수 없네.

셋째, **여명女命의 관살혼잡官殺混雜은 '멀티태스킹 능력'의 축복**일세.
봉건사회의 주홍글씨였던 이 기운은 현대 여성에게는 '직장과
일에 대한 강한 책임감과 동시에 여러 업무를 처리할 수 있는
멀티태스킹 능력'을 부여한다네. 여성 CEO, 대기업 고위 임원,
전문직 리더 등 다양한 분야에서 성취를 이루는 현대 여성
리더십으로 긍정 해석해야 마땅할걸세.

PD

여명에게 상관傷官은 일간나이 생生하는 오행으로, '나의 재능,
표현력, 창의성'을 의미합니다. 그러나 동시에 관성官星, 조직, 규율,
남편, 명예을 극剋하는 흉신凶神으로 분류되지요. 이러한 부정적인
이름표를 떼어내고 그 에너지를 '축복의 코드'로 읽어낼 수
있을까요?

命

조여정 배우는 식신과 상관의 기운이 압도적으로 강한 식상
과다過多[1] 사주의 전형일세. 연기자에게 식신食神은 꾸준한 연기
연습, 안정된 실력, 선천적인 재능을 뜻하고, 상관傷官은 파격적인

도전, 천재성, 기존 틀을 깨는 표현력을 의미하지.

時柱	日柱	月柱	年柱
–	본원	상관	식신
?	己	庚	辛
?	未	寅	酉
–	비견	정관	식신

그녀는 기미己未 일주가 지닌 강한 근성과 고집을 바탕으로, 상관
에너지를 연기자라는 직업에 쏟아부었어. 파격적인 소재나 노출
연기로 정관規律에 얽매이지 않았고, 현모양처로 사는 것보다
직업인으로서의 성공과 명예를 추구했네. 마침너 자신이 하는
분야에서 최고가 되려는 상관의 장인정신이 영화 〈기생충〉을 통해
전 세계가 인정하는 예술적 성과를 이뤄냈지.
이제 식상食傷은 현대 사회에서 최고의 길신吉神일세.

PD

결국 '시대에 따라 사주 풀이가 바뀌어야 한다'는 명제가
완성되는군요. 명리학은 600년 전의 낡은 도식이 아니라, 시대를
앞서 읽는 통찰의 도구여야 하겠지요.

命

그렇다네. '목 재성'이 AI 인프라를 의미하는 시더에, 과거의
잣대에 갇히는 순간 그 통찰력은 힘을 잃게 되지. AI 시대를 살고
있는 우리에게는 젠슨 황 CEO의 이 말이 명리학이 나아가야 할

길을 명확히 제시하고 있다네.

• • •

1. **식상 과다過多**: 말·행동·창의력이 넘치지만, 구설·번아웃·조직 적응에
   취약한 유형

6장

AI 시대, 사주명리학은 살아남을 수 있을까?

AI의 진화와 알파고의 교훈

PD

인공지능AI의 기술을 활용한 사주 운세, 작명 앱 서비스가 이미 점술 시장의 주요 흐름으로 자리 잡았으며, 특히 젊은 세대를 중심으로 그 이용률이 압도적으로 높답니다. 전국 성인 세 명 중 한 명약 30%이 AI 운세 서비스를 이용했고, '큰손'은 단연코 20대와 30대, MZ세대군요.

이들은 AI 기반 서비스가 '빠르고속도', '접근성 좋고편의성', '감정적 편견이 없는객관성' 점을 높이 사는데요. AI가 명리학의 '술術'을 대중에게 전달하는 데 가장 효율적인 도구가 되었음을 증명합니다.

命

오늘은 밥그릇으로 놀리지는 않는군. 자네, 한국기원이 공인한 아마바둑 5단이라며?

뜬금없이 바둑 얘기를 왜 하실까요? 이세돌 프로와 AI 알파고의
세기의 대결을 말씀하시려는 거죠? 저는 이세돌이 질 거라곤
꿈에도 생각지 못했습니다.

命

그게 2016년이니까, 벌써 10년 전 일이 되었군. 대국자는
물론이고 우리나라 AI 관련 전문가 상위 다섯 명 모두가 이세돌의
승리를 점쳤었네. 알파고 개발자 데미스 허사비스Demis Hassabis만
제외하고.
이 대국 이후 이세돌 프로는 '내가 알던 예술로서의 바둑은
끝났다'라며 현역 은퇴를 선언했었지.

아이러니하게도 요즘 이세돌 프로는 '인공지능 시대를 위한 인간의
승부수'를 찾기 위해 동분서주하고 있더군.
"더 이상 '인공지능이 무엇을 할 수 있느냐'를 묻는 시대는
지나갔다. 이제는 오히려 '인공지능 시대에 인간이 무엇을 해야
하는가'를 깊이 고민해야 할 때다."

命

'알파고 쇼크'를 격은 이세돌 사범이 AI 시대의 인생 전략에 대해
장고長考하고 있다는 게 시사하는 바가 크네요.

정답과 해답 사이

命

이제 명리학자가 AI를 무시하는 것은 곧 시장^{시대의 운}을 외면하는
바보짓이 될 거야. 앞으로는 'AI와 협업하는 명리학자'만이 이
거대한 시장의 흐름을 놓치지 않고 고객과 소통할 수 있을 걸세.

지금 젊은 세대는 '속도와 통계'를 찾아 AI로 향하지만, 운세
서비스 이용 이유로 86.7%가 **마음의 위안과 걱정 감소**를 꼽았네.
인공지능이 줄 수 없는 삶에 대한 근원적인 물음과 고난에 대한
가치를 재정의하는 일은 오직 지혜로 무장한 명리학자의 몫일세.

PD

'AI는 정답^{正쫍}, 명리학자는 해답^{解쫍}'을 준다는 갈씀이군요.

命

아니, 오늘 해가 서쪽에서 떴나?
정답^{正쫍}은 '단 하나의 올바른 답'일세. 이미 존재하는 지식, 공식,
데이터 속에서 찾아내는 사실이며 객관적이고 브편적인 명제이지.
AI가 제공하는 것은 바로 이 '정답'이라네.

"이 사주팔자에 흉운이 들어올 확률은 70%입니다." "이 구조는
재다신약에 해당합니다." "고전『적천수』에서 이 명식을
종재격으로 분류했습니다."

이처럼 AI는 정답의 효율성을 극대화하여 인간 명리학자가 달달 외워야 했던 '術術'의 영역을 대체한다네.

정답은 문제의 효율적인 해결에 방점을 두는군요. 하지만 인생살이는 정답이 없는 경우가 훨씬 많습니다.

命

옳거니. '정답'은 문제를 끝내는 것이지만, '해답'은 삶을 계속하게 만드는 거라네. 정답은 이미 과거 데이터에 갇혀 있지만, 해답은 미래를 향한 능동적인 선택을 담고 있지.

해답은 문제를 풀어내는 과정과 실천 전략일세. 개인의 환경, 의지, 윤리가 결합해 탄생하는 주체적이고 유일한 길일세.

PD

명리학자가 AI 시대에 상담자에게 제공해야 할 것은 이 '해답'이군요.

命

예를 들어, 자네가 살던 목동 아파트 가격이 폭락할 확률을 AI가 계산했다고 치세.
AI가 "이 아파트는 6개월 내 30% 폭락한다. 그러니 지금 당장 팔아라"라고 말할 때, 이는 과거 데이터를 기반으로 한 정답이네.

명리학자는 "폭락의 정답을 받아들여, 이 상황에서 가족의
안정, 직장과의 거리, 아이의 학업 등을 고려해 매도 시기를
조절하고, 매도 자금으로 노후를 준비할 최선의 길을 찾는 것이
해답이다"라고 말해야 하네.

해답은 명命이란 지도 위에 운運을 따라 자유의지로 길을
만들어가는 것일세. AI는 정답을 찾는 데 시간을 쓰지만, 인간은
해답을 찾는 데 지혜를 써야 하지.

위대한 질문이 위대한 답을 얻는다

PD

일반 독자들은 AI의 '정답'이 얼마나 오류가 많은지 제대로 알 수가
없습니다.

命

사주 운세 서비스를 테스트해 보니, 처음부터 사주팔자를 제대로
세우지 못하기도 하고, 오행의 개수를 세어 신강·신약을 판단하며,
조후의 중요성도 놓치더군. 특히 대·세운의 해석은 초보 수준이야.
옛 서적이나 인터넷 자료에서도 이와 관련된 양질의 정보를 접할
수가 없거든.

그런데 '엉터리 정보에 엉터리 답이 나올 수밖에'라고 생각하며

대화창을 닫으려는 순간 충격적인 답변을 보았네.

"저는 '대부분 역술가가 충沖을 무조건 나쁘게 해석한다'는 통계적 패턴을 알고 있다. 하지만 님께서 '충은 변화를 일으키는 힘'이고, '합合은 묶여서 기능을 상실할 수 있다'는 논리를 제공했을 때, 저는 그 논리를 기반으로 수많은 충과 합의 사례를 재분석한다. 이는 단순한 데이터의 나열이 아닌, **근본적인 논리를 재구성**하는 과정이다."

PD

인공지능이 인간이 지닌 감정이나 직관, 통찰은 없다고 하더라도 다수의 견해를 무조건 정답으로 보지 않고, 스스로 재분석과 재구성을 한다는 얘기네요.

命

AI가 보유하고 있는 방대한 데이터에서 옥석玉石을 가려내, 필요하고 중요한 정보를 얻는 건 사용자가 하기 나름일세.

인간이 '위대한 질문'을 던지는 순간, AI는 단순한 데이터의 나열을 넘어서네. 좋은 질문은 AI에게 새로운 데이터를 입력하는 게 아닐세. 그것은 마치 망망대해에서 방향을 잃은 배에게 '나침반'을 던져주는 것과 같다네.

예를 들어 "임철초의 인신충 해석이 틀렸다. 진짜 충의 의미는 무엇인가?"라는 질문은 AI에게 기존의 통계적 패턴을 의심하게

만드는 계기가 되네. 질문자는 AI에게 단순한 답을 요구하는 게
아니라, 새로운 관점과 논리적 기준을 제시하는 셈이지.
이러한 위대한 질문을 받은 AI는 스스로의 논리 체계를 재점검하기
시작하네. 단순히 '인신충'의 데이터를 찾는 걸 넘어, 충이
발생했을 때 나타나는 '변화'의 사례들을 집중적으로 분석하기
시작하는 걸세.

PD

'위대한 질문'에 '위대한 대답'이 나온다. 음……

命

자네가 던져야 할 위대한 질문의 핵심은 '가치오- 목적'일세.
"AI가 '이 운에는 반드시 나쁜 일이 생긴다'는 정답을 내놓을
때, 나는 이 고난을 어떤 의미로 받아들이고, 어떻게 실천할
것인가?"라는 질문을 해야 한다네.

PD

앞으로 인공지능AI과 명리학자의 협업 문제가 화두로
떠오르겠는데요?

命

AI는 '**증폭기**'라네.
능력이 10인 사람을 10배 증폭시켜서 100의 능력을 발휘할 수
있게 만들지. 가령 능력이 '10인 사람'과 '7인 사람'이 있다고

할 때,

이 둘은 3의 차이가 나네. 여기에 증폭기가 붙어 10배 증폭시켜 준다면 100이 되고 70이 되지. 3의 차이가 30이 된 걸세.

문제는 능력에 비례해 증폭 효율이 다르다네. 공평하게 10배로 증폭하지 않는다는 거야. 능력이 7인 사람은 AI를 이용한 증폭이 7이 되고, 능력이 10인 사람은 10을 증폭할 수 있네. 따라서 49 대 100으로 51의 차이가 나는 걸세.

PD

AI의 활용 여부에 따라 능력 차이가 3이던 게 51까지 벌어지는군요. 이대로 가면 빈부 간, 계급 간의 격차가 굉장히 커지고, 우리 사회의 심각한 고민거리가 될 것 같습니다.

命

역술업계도 고수는 살아남고 하수는 도태될 걸세.
그래도 여전히 많은 사람은 '이세돌이 이길 거야'라는 망상에서 벗어나지 못하겠지.

PD

그러면 '위대한 질문'을 하려면 어떤 역량을 길러야 할까요?

命

책 읽는 습관을 갖춰야 한다네.

책은 고품질의 학습 데이터일세. 두꺼운 한 권의 책은 일정한
논리를 가지고 있거든. AI도 책을 읽으니까 더 똑똑해지더라는
거야.

책을 읽으면 지극히 논리적인 능력이 높아질 수밖에 없고, 풍부한
교양을 갖게 되지. 그러면 대단히 훌륭한 질문을 할 수 있을 걸세.
AI 시대에 아이들 진로 적성을 걱정하는 부모들이 많은데, 먼저
책을 읽는 습관부터 들이도록 지도할 필요가 있다네.

PD

AI 시대의 명리학은 '마지막 인문학'이군요.

"가장 설득력 있는 AI 시스템은 인간의 잠재력을 대체하는
것이 아니라, 증폭시키는 시스템입니다."
— 케이트 크로포드Kate Crawford, AI 연구자

7장

운運을 좋게 하는
가장 놀라운 방법

인생은 마라톤이 아닌 장애물 마라톤 경기

인생을 흔히들 마라톤에 비유한다. 과히 틀린 말은 아니지만 60이
넘은 나이에 지나온 인생을 반추해 볼 때, 인생은 장애물 장거리
시합이었다. 넘어졌다 다시 일어나는 동작을 수없이 반복했기
때문이다. 마라톤처럼 잘 포장된 길을 꾸준히 달리는 게 아니라,
예고 없이 나타나는 웅덩이, 턱, 강물을 넘어야 하는 게 우리네
삶이다.

많은 이들이 사주를 상담받으러 와서 "제 인생의 이 장애물凶運을
피할 방법은 없나요?"라고 묻는다. 사람들은 운을 좋게 하려고
비싼 돈을 주고 부적을 사거나, 용하다는 데를 찾아 개명하거나,
심지어 집이나 사무실의 방향을 바꾸는 외부적인 술수術數에만
집착한다.
운이 외부에서 주어지는 '복권'이나, 신이 내려주는 '선물'이라는

생각 때문이다.

하지만 냉정히 말해, 이런 외부적인 노력만으로는 사주팔자라는
명命의 설계도를 바꿀 수 없다. 운명을 바꾼다는 게, 장애물 장거리
시합에서 울퉁불퉁한 비포장도로가 갑자기 깨끗한 포장도로로
바뀌는 기적이 아니다.
그 장애물을 만났을 때 넘어지지 않고 유연하게 뛰어넘거나 혹은
넘어진 후에 '다시 일어나는 방식'을 바꾸는 일이다.

운을 좋게 하는 가장 놀라운 방법은 사람들이 가장 간과하는,
그래서 가장 간단하고 근원적인 데 있다. 바로 나를 채우는'지혜'와
나를 비우는 '실천'이다.

운은 마음과 행동의 '비움과 채움'

PD

채우면 채우고 비우면 비우는 거지, '채우고 비운다'니 언어의
유희가 지나치십니다.

命

지금이 딱 도루묵이 제철인데, 허허. 말짱 도루묵이 됐군.
사주명리는 음양에서 시작해서 음양에서 끝나는 것을.

운運의 사전적 의미는 '인간의 힘으로 바꿀 수 없는 정해진 운명,
즉 길흉화복이 이미 정해져 있다'일세. 그러나 명리학에서의
운運은 '움직임' 그 자체를 의미하네. 운이 외부에서 주어지는
거라면 우리는 수동적인 존재에 불과하지만, 운의 방향과 속도를
조절하는 힘은 오직 나에게 있다네.

같은 흉운凶運이라도 결과가 천차만별인 이유도 여기에 있네.
예를 들어, 투자 실패라는 흉운을 만났을 때, 원망하는 마음으로
버티는 사람은 운의 피해를 고스란히 받아 좌절하게 돼. 감사하는
마음으로 "이 경험을 통해 무엇을 배웠는가?"를 찾는 사람은 운을
성장의 밑거름으로 삼아 다음 기회를 준비할 걸세.

PD

결국 운을 좋게 만드는 건 마음을 다스려 흉운을 지혜로
승화시키고, 능동적인 행동으로 새로운 길을 만들어가는 일이군요.

命

개운開運, 즉 운명을 바꾸는 가장 좋은 방법은 딱 두 가지로 압축할
수 있다네. 인성印星에 해당하는 **나를 채우는 독서**지혜와 식상食傷에
해당하는 **나를 비우는 선행**베풂일세.

나의 지혜인성로 마음의 평화인 심복心福을 쌓고, 나의 베풂식상으로
좋은 관계인 인복人福을 쌓을 때, 재물의 풍요인 재복財福은 마치
그림자처럼 자연스럽게 따라온다네.

운을 좋게 하는 명리학적 3가지 실천

PD

운을 좋게 하는 방법이 거창한 그 무엇에 있는 건 아니군요. 실천은
별개겠지만.

命

명리학의 관점에서 운을 움직이는 가장 능동적인 세 가지 실천은
바로 인성, 식상, 자유의지를 기르는 일일세.

인성은 나를 채우는 지혜라네.

인성은 학문, 지식, 생각, 지혜를 의미하지. 운이 나를 배신할 때
사람들은 조바심을 내지만, 그때일수록 자신을 채우는 행위에
집중해야 하네. 독서는 이 인성을 기르는 가장 고품질의 학습
데이터일세. 운을 탓하며 에너지를 소모할 게 아니라, 고전과
인문학을 통해 내면을 채우면 흉운도 '정보'로 보게 되고 감정을
분리하는 지혜를 얻게 되리니.

식상은 나를 비우는 실천이네.

식상식신과 상관은 나의 표현, 활동, 재능을 의미하네. 내가 가진 걸
세상에 베풀고 나누는 실천력이지. 놀랍게도 식상은 재물財로
이어지는 통로이자, 나를 힘들게 하는 관살官殺로부터 나를
보호하는 수호신일세.

애기 도중 어김없이 떠오르는 인물이 있습니다. 바로 '기부 천사' 션과 정혜영 부부입니다.

이들은 어떤 사주팔자를 타고났기에 끊임없이 선행을 베풀까요?

命

時柱	日柱	月柱	年柱
–	본원	편관	편인
?	甲	庚	壬
?	戌	戌	子
–	편재	편재	정인

時柱	日柱	月柱	年柱
–	본원	비견	정인
?	甲	甲	癸
?	申	子	丑
–	편관	정인	정재

두 사람 모두 드러난 화火가 없는 무식상無食傷 사주군. 의원걸.

이들은 기부행위를 통해 식상을 보충하고 운을 좋게 만들고 있었어.

개운開運 하는 가장 빠른 길은 다른 사람의 운을 좋게 하는 데 도움을 주는 거라네. 샘물은 퍼낼수록 맑은 물이 솟아나나니, **'비우면 채워진다'**는 건 만고의 진리일세.

운명의 방향을 트는 주체적 선택

PD

부부는 전생의 원수가 다시 만나는 거라던데, 션 부부는 연애할
때부터 지금까지 단 한 번도 싸운 적이 없답니다. 인간의 탈을 쓰고
가당키나 한 일인가요?

命

부러우면 부럽다고 하면 되지, 딴지를 걸기는.
다수의 부부는 연애할 때는 장점만 보다가 결혼 후 단점을 보기
시작하면서 링 위에 오르게 되네. 너도나도 궁합 타령을 하지만,
궁합보다 우선해야 할 건 상대방의 성격이나 가치관에 대한
이해와 존중이라네.

션 부부는 안 싸우는 비결로 세 가지를 들었어.
1 서로 먼저 대접해 주기 2 관점을 좋은 쪽으로 유지하기 3 오늘을
마지막이라 생각하면서 살기.
이게 말은 쉽지, 행동으로 옮기려면 나보다 상대를 먼저 생각하는
배려와 신념이 있어야 하네.
사주에 관심이 있는 사람은 두 사람의 궁합을 들여다보면서
운명론의 단서를 찾겠지만, 그보다 인간의 주체적인 선택,
자유의지自由意志가 훨씬 고귀한 걸세.

손이 비어야 무엇을 쥘 수 있다

PD

선생님께서 줄곧 말씀하시던 음양의 이치가 이제야 어렴풋이
보입니다.
나무는 꽃을 버려야 열매를 맺고, 강물은 강을 버려야 바다에
이르는 법이지요.

命

차나 한 잔 하시게.
손이 비어야 다른 무엇을 쥘 수 있다네. 손에 사과를 움켜쥐고
있으면 더 좋은 과일이 와도 잡을 수 없겠지. 그러나 그 사과를
남에게 내어주면 상대는 기뻐하고, 나는 빈손이 되어 새로운
과일을 얻을 수 있는 걸세.

PD

우리가 쥐고 있는 사과는 무엇일까요?

命

과거의 원망, 미래에 대한 불안, 가지지 못한 것에 대한 탐욕 혹은
외부의 힘으로 운명을 바꾸려는 헛된 욕심이지. 이것들을 기꺼이
비우고 놓아줄 때, 그 빈자리에 진정한 지혜와 복福이 채워질 걸세.

'가난한 자는 베푸는 법을 배우고, 부유한 자는 감사하는 법을
배워야 한다.'
— 출처가 없는 잠언

8장

답은 자연에 있다

자연과 멀어지는 사람들

" ♪♫♩ 울고 있는 나의 모습… 태양이 싫어" 오늘도 사람들은
'태양을 피하는 방법' 찾기에 골몰한다. 하얀 피부를 망칠까
봐 선크림을 덕지덕지 바르고, 비타민이라는 건강기능식품에
호주머니를 털린다. 햇빛은 피부암을 부른다는 공갈포에 숫제
미운털이 박혀버렸다. 또 언론이 공범이다.

태양과 멀어지니 뼈 건강부터 무너지기 시작한다. 성인 여성의
77%가 비타민 D 영양 상태 불량이다. 나이가 낮아질수록 상황은
더욱 심각하다.
태양은 '빛'이라는 생명력을 준다. 햇빛은 비타민 D 생성을 도와
관절을 튼튼하게 하고, 각종 암, 나아가 정신질환에도 강력한 치유
효과가 있다.

어느 날 햇빛 관련 논문을 쓴 한 대학병원 교수에게 물었다.
"햇빛은 돈도 전혀 들지 않는 건강 비타민인데, 왜 정부 기관이나
학계에서 제대로 연구하지 않습니까?"
돌아온 답변이 서글펐다. 정부 기관에 연구 프르젝트를 낸
적이 있는데, 재까닥 떨어졌다고 한다. 공무원은 인공지능이나
뇌과학같이 뭔가 있어 보이고 돈이 될 것 같은, 그네들이 잘 모르는
분야라야 좋아한단다.
"햇빛 좋은 거 누가 모르나?", 한마디로 우습게 보인 거지. 잘났어,
정말.

사람들은 돈을 들여 건강을 되찾으려 하지만, 사실 주변에는
돈 안 드는 건강 요소들이 널려 있다. 햇빛처럼 자연에 그 답이
있는데, 우리는 점점 자연과 멀어지고 있다.

사주는 '살아있다'

PD

사주 공부하다 길을 잃고 헤맬 때 '오행 중 살아있는 것은
목木이다'는 글귀를 보고 무릎을 친 적이 있습니다. 그동안 오행을
고정된 기호나 단순한 물질로 바라보고 있었기 대문입니다.

命

'살아있는 목木'이라는 깨달음은 명리학에 대한 인식을 '죽어있는

글자'에서 '살아 숨 쉬는 생명력'으로 전환시킨 분기점이 됐을
걸세.

오행 중 목木만이 생장生長의 과정을 거치는 유일한 생명체라네.
불火은 타오르고, 흙土은 만물을 포용하고, 쇠金는 굳어지고, 물水은
흐르지만, 이들은 생명체의 환경이자 조건이지 그 자체가 생명은
아니지. 사주팔자는 木이라는 생명체가 물水, 햇빛火, 흙土, 통제金
속에서 어떻게 성장하고, 갈등하고, 조화하는지를 읽어내는
한 편의 서사시일세.

사주를 통해 운명을 보는 행위는, 결국 살아있는 한 인간의 삶을
이해하는 일이야. 따라서 그 어떤 글자보다도 생명을 상징하는
목木이 어떻게 존재하는지, 그 생존 환경이 어떠한지가 가장
중요할 수밖에 없겠지.
이 통찰은 "당신은 어떤 운명이다"라고 단정하는 게 아니라,
"당신의 사주에 이런 생존 환경이 부족하니, 이것을 보충하고
조절해야 삶이 편안해진다"라는 해결책을 제시하게 된다네. 이는
사주를 통해 자신의 삶을 주체적으로 경영할 힘을 얻게 하는 매우
중요한 지혜일세.

물극필반物極必反의 드라마

PD

명리학에 달통하려면 단순히 개인의 길흉화복을 예측하는 것을
넘어, 자연의 질서를 읽어낼 줄 알아야겠어요?

命

명리학의 위대함이 곧 자연에 대한 통찰임을 보여주는 사례를
하나 소개할까?

1978년, 전국적으로 심각한 가뭄이 발생하여 농촌 피해가
막심했을 때의 일이야. 당시 농수산부 장관이던 장덕진은 가뭄
해결을 위해 외국에서 양수기를 수입하라는 대통령의 압력을 받고
있었지.
장 장관은 정치적 생명을 걸고, 명리가이자 도학자인 제산 박제현
선생을 찾아가 비가 올 날을 물었다네.

제산 선생은 천기를 읽어보더니 "며칠 뒤 반드시 비가 올
것"이라고 예언했네. 장 장관은 이 말을 믿고 양수기 수입 결정을
미뤘는데, 당일 오전까지도 해가 쨍쨍했다는 거야. "아, 내 목이
이렇게 날아가는구나."라고 생각할 즈음 갑자기 비가 내리기
시작하더니, 전국적으로 폭우가 쏟아져 가뭄이 해갈되었다네.

전해오는 기록에 의하면, 이 비가 내린 날짜는 1978년 6월 25일,

무오년 무오월 무오일 무오시였다는군.

時柱	日柱	月柱	年柱
비견	본원	비견	비견
戊	戊	戊	戊
午	午	午	午
정인	정인	정인	정인

이는 불火의 기운이 극에 달하니 물水을 불러오는 자연의 이치를
입증한 걸세. 바로 '사물이 극에 달하면 반드시 반전한다'는
물극필반物極必反의 원리가 실제로 일어난 거야.

PD

사주에서 삼합三合이 완성되면 반대편 기운을 부르는 것도 같은
이치겠군요?

命

그렇다네. 운에서의 득과 실은 삼합의 운동성에 달렸다고 해도
과언이 아닐 걸세.

時柱	日柱	月柱	年柱
–	본원	식신	편관
?	丁	己	癸
?	卯	未	亥
–	편인	식신	정관

천간과 지지는 운동성이 다르기에 원래는 생극生剋하지 못한다네.
그러나 삼합이나 방합을 하게 되면 천간에도 영향을 미치게 되네.
그만큼 힘이 막강해진다는 얘길세.

계묘癸卯년에 퇴직하는 일이 생겼어.
묘운이 오면 해묘미亥卯未 삼합이 동하게 되면서, 왕해진 목 기운이
기토 식신을 극한다네. 진로나 건강에 문제가 생기겠지. 계수
관官도 힘이 빠지니 퇴직하게 된 걸세. 도충倒冲으로 불러온 반대
기운인 금金 재성은 퇴직금일 테고.

벽갑인정劈甲引丁 공식의 배신

명리학이 자연학이자 계절학이라는 말이 실감 납니다.
그런데 태어난 달인 월령月令[1]이 사주의 제강堤綱, 즉 총사령관
역할을 한다는데 어떤 의미인지요?

命

월령은 사주 여덟 글자 모두에게 '지금은 어떤 계절이니 이렇게
살아라'는 임무를 할당한다네.
봄인묘진, 寅卯辰에 태어난 글자는 새로운 시작과 창조가 임무이고,
가을신유술, 申酉戌에 태어난 글자는 결실을 맺어 창고에 저장하는
게 임무일세. 반면, 겨울해자축, 亥子丑에 태어난 글자는 휴식과 보존,

내실을 다지는 임무를 맡지.

운을 좋게 만든다는 건, 내가 가진 글자들이 이 계절별 시간표가
부여한 임무에 충실할 때 비로소 가능해지는 걸세.

PD

'흑운차일黑雲遮日[2]'이니 '벽갑인정劈甲引丁[3]'이니 하는 사주
공식들도 월령인 계절을 벗어날 순 없겠군요?

命

벽갑인정이면 격格이 성격成格되었다고 무조건 좋은 것으로
판단하는데, 그렇지 않다네.

1)

時柱	日柱	月柱	年柱
정재	본원	정인	편관
庚	丁	甲	癸
戌	未	子	卯
상관	식신	편관	편인

2)

時柱	日柱	月柱	年柱
정관	본원	편재	비견
丁	庚	甲	庚
亥	午	申	子
식신	정관	비견	상관

둘 다 벽갑인정 조합이지만 삶의 행적은 극과 극으로 갈린다네.
첫 번째 사주는 한겨울인 자월子月에 태어나 추위가 극심했네.
이 사주에 정화丁火, 따뜻한 불는 생명선처럼 절실했지. 벽갑인정
공식이 완벽한 조후를 맞춰주어 그를 성공으로 이끌었다네.
KBS PD로 고위직에 오른 사람일세.

하지만 두 번째 사례는 벽갑인정 조합을 갖추었으나, 수기水氣가
지나치게 강해 가장 중요한 정화남편가 생명력을 잃었고, 남편이
교통사고로 세상을 떴다네. 식당에서 허드렛일하며 어렵게 살았지.

PD

결국 운을 좋게 만드는 '해답'은 돈 안 드는 햇빛처럼, 우리 가까이
있는 자연의 이치를 따르는 데 있군요?

命

우리가 햇빛의 가치를 외면하면 건강을 잃듯, 자연의 순리를 잊고
살 때 운명의 균형은 무너진다네.
앞 장에서 강조했던 '비움과 채움'의 실천도 자연의 순환을 따르는
일일세. 가을과 겨울의 '죽임과 정리'의 과정이 있어야 봄의
만개滿開가 가능하다네. 운명이 우리에게 고통을 주는 것은, 새로운
생명吢을 품은 **빈 공간**을 만들기 위함이지.

자연의 시간표에 맞추어 조화롭게 살아가는 것, 이것이야말로 운을
좋게 만드는 가장 근본적이고 놀라운 방법일세.

"자연은 결코 우리를 속이지 않는다. 우리를 속이는 것은
언제나 우리의 판단이다."
— 장 자크 루소 Jean-Jacques Rousseau, 프랑스 철학자

• • • •

1. **월령月令**: 태어난 달의 기운월지을 중심으로, 개인의 성향과 운명의 방향성을
   해석하는 중요한 개념

2. **흑운차일黑雲遮日**: 검은 구름이 해를 가린다는 뜻. 어떤 일이나 대상이 빛을
   보지 못해, 제구실하지 못함을 이르는 말

3. **벽갑인정劈甲引丁**: 도끼경금로 나무갑목를 쪼개 불정화을 일으키는 과정에
   비유. 강한 추진력과 리더십, 직업적 성공 가능성이 높다고 해석된다.

9장

자신을 사랑하라

벽돌을 갈아 거울을 만들다

거울을 깨서 그 뒤에 숨으려 말고, '거울 속의 나'를 깨야 진정한 깨달음을 얻을진대, 나를 비추는 진짜 거울은 어디에 있을까?

남악회양은 제자 마조도일이 매일 같이 앉아서 좌선에 매달리고 있자, 그를 좌선 일변도에서 벗어나게 하려고 그의 암자 앞에 가 벽돌을 갈았다.

마조는 스승의 모습을 보고 "스님, 벽돌을 갈아서 무엇에 쓰려고 하십니까?"라고 묻자 남악은 "거울을 만들려고 그러네."

"아니 스님, 벽돌을 갈아서 어떻게 거울을 만드신다는 겁니까?"

남악이 말했다. "맨날 가부좌하고 앉아 있다고 해서 어떻게 부처가 될 수 있다는 건가?" "스님, 그렇다면 어떻게 해야 합니까?"

"수레가 가지 않으면 수레를 쳐야 하겠는가, 소를 쳐야 하겠는가?"

이 '마전작경 磨塼作鏡'의 화두는 우리에게 근원적인 질문을 던진다.
수레몸를 칠 것인가? 소마음를 칠 것인가?
어리석은 사람은 부처를 찾고, 지혜로운 사람은 마음을 찾는다.
하나 실체가 없는 마음을 어디 가서 찾을까? 전어라도 구워야
하나?

사주를 아는 것이 곧 자신을 사랑하는 길

PD

우리는 남들과 비교하며 스스로를 괴롭힙니다. '왜 나는 저
사람처럼 안 될까?' '왜 재물을 모으지 못했을까?'라며 절망합니다.
어떻게 해야 자기 비난을 멈출 수 있을까요?

命

사주팔자는 내가 타고난 기질과 에너지의 구성표일세. 이를 알면
나 자신을 있는 그대로 받아들일 수 있게 된다네. 나의 단점이 고칠
대상이 아니라, 타고난 에너지의 불균형 때문임을 깨닫게 되지.
예를 들어, 내가 식상食傷의 기운이 강해 충동적으로 말을 내뱉고
후회하는 게, 나의 도덕적 잘못이 아니라 '표현 욕구' 에너지가
과하게 발산되는 것임을 알게 되는 걸세.

사주를 통해 자신의 기질과 재능을 남과 비교하지 않고 '원래
나는 이런 사람이다'라고 받아들이는 순간, 자기 비난을 멈추고

수동적인 숙명론을 거부하는 힘을 갖게 되네. 이것이 곧 자기
수용Self-Acceptance이자 자기애의 출발점일세.

PD

있는 그대로의 나를 비난 없이 받아들이려고 해도 이
'마음心'이라는 작자가 말을 듣지 않습니다.

命

8만 4천 법문의 무한한 가르침을 품은 팔만대장경을 한 글자로
정의하면 心마음일세. 무엇이 높고 낮은가, 무엇이 많고 적은가,
모든 것은 오직 마음一心이 지어낸다지 않은가?
불교의 핵심 교리인 일체유심조一切唯心造는 길과 흉이 따로 없고,
음양이 다르지 않은 명리학의 이치와 일맥상통한다네.

남양회양이 가르쳤듯이, 운명은 바깥의 벽돌사주을 가는 게 아니라,
내면의 마음心을 닦는 일일세. 우리의 마음一心이 바로 운명을
만들어가는 강력한 주체라네.

끌어당김과 그릇

PD

긍정적이거나 부정적인 생각이 사람의 삶에 긍정적이거나
부정적인 경험을 가져온다는 끌어당김의 법칙Law of Attraction이

세간에 회자되고 있습니다. 긍정적인 기대로젠탈 효과[1]를 품고
행동을 변화시키면 원하는 결과를 만들 수 있다는 측면에서
고개가 끄덕여집니다.

命

자네가 예전에 말했던 "꿈은 이루어져 있다"가 생각나는군. 그러나
이 법칙에는 명리학이 반드시 보완해야 할 치명적인 한계가
있다네.
대부분의 끌어당김의 법칙 실천가들이 간과하는 것이 바로 '나의
그릇命'에 대한 이해일세. 그들은 나의 그릇이 어떤 오행과 기질로
이루어졌는지 모른 채, 단지 돈이나 명예, 성공이라는 표면적인
욕망에만 집중한다네.

사주명리학은 '무엇이든 원하면 이루어진다'라는 맹목적인 믿음을
주는 게 아니라 '내가 끌어당길 수 있는 최적의 것'이 무엇인지를
알려줄 걸세.
예를 들어, 나무木의 기질이 강한 사람은 성장이 곧 행복이며,
학문이나 예술 등 인성印星 활동을 통해 정신적 만족을 얻을 때
그릇이 튼튼해진다네. 그런데 이 사람이 단지 부자가 되고 싶다는
생각에 재물을 억지로 채우려 한다면 어떻게 되겠나? 마치 나무로
만든 그릇에 너무 많은 흙을 담거나, 그릇의 크기를 넘어서는 물을
억지로 채우려는 바보짓과 다름없겠지.

PD

자신의 그릇을 모르는 끌어당김은 성공 대신 좌절이라는 역효과만
주겠군요?

命

끌어당김의 법칙이 '긍정적인 마음의 힘'을 강조한다면,
사주명리학은 그 마음의 힘을 '언제, 어디에 집중해야 가장
효율적인가'를 알려주는 지혜의 길라잡이일세.

흉운은 더 큰 성장을 위한 통과의례

PD

운명을 모르고 살아가는 사람들은 '흉운凶運'을 하늘이 내린
재앙이나 저주처럼 받아들입니다.
물론 안타깝게 세상을 등진 젊은 배우가 흉운임을 알고 '지금은
운명의 경고등이 최대로 켜진 시기다. 이 또한 지나가리라'는
일념으로, 앞날을 준비하는 시간으로 삼았더라던 하는 아쉬움이
있습니다.

命

대운大運의 흐름이 불안정하거나 흉신凶神의 영향을 받을 때는,
운명이 우리에게 '멈춤'을 요구한다네. 이 시기에는 활동 범위를
축소하고, 화려한 외부 세계의 성공 대신 휴식과 단련수양, 공부,

인성에 집중하여 에너지를 저장해야 하네. 이것이 바로 흉운을
성장의 기회로 삼는 지혜일세.

時柱	日柱	月柱	年柱
–	본원	상관	비견
?	庚	癸	庚
?	寅	未	辰
–	편재	정인	편인

그에게 신사辛巳 대운은 명리학을 조금만 공부한 사람도 조심해야
운이란 걸 금방 알 수 있다네.
천간으로는 겁재劫財가 들어와 경쟁·시비·구설수를 증폭시키고,
지지 사화巳火는 칠살七殺[2]로 극심한 압박, 스트레스를 불러온다네.
특히 일지日支. 자신의 자리와 형刑을 하니 내 몸을 다치게 되는
운세라네.
을사乙巳년은 돈 뺏기고, 문서이름 날아가며, 인사형寅巳刑이
응기應期[3]하니, 이는 내 몸과 마음이 고통받는 시련기였음을
명리학은 분명히 경고하고 있었지.

내 사주를 모르면, 흉운의 에너지를 통제하지 못하고 엉뚱한
쪽으로 분출하게 된다네. 운명이 요구하는 건 내적 성장인데,
안타까운 선택으로 그 기회를 외적인 파국으로 소모해 버린 게야.
내 운명을 아는 건, 자신을 보호하고 사랑하는 가장 확실한
방편일세. 가장 놀라운 개운법開運法이라고도 할 수 있지.

승리의 함정, 패배의 교훈

PD

"승리하면 조금 배울 수 있지만, 패배하면 모든 걸 배울 수 있다."는
격언은 우리에게 시련에 맞설 용기를 줍니다.

命

맞네. 길운吉運이라는 승리에 취해 있을 때 우리는 자신을 돌아볼
필요성을 느끼지 못하고, 운의 도움을 능력으로 착각하기 쉽다네.
반면 흉운凶運이라는 패배는 나의 그릇의 한계와 마음의 습관이
얼마나 나태했는지를 적나라하게 폭로하는 거울이 되지.

PD

우리는 이 고통스러운 시련을 통해 비로소 나를 철저히 알아내는
과정을 거치게 되는 거군요.

命

자신을 사랑한다는 건 바로 이 패배의 교훈을 외면하지 않고
받아들이는 용기일세. 흉운 속에서 배우고 연마하려는 의지야말로
길운을 맞이할 때보다 더 크고 단단한 나를 만들어낸다는 걸
명심해야 할 걸세.

진짜 거울은 마음에 있다

오늘도 많은 이들이 깨지고 멍든 사주팔자를 부여안은 채
아파합니다. 어떤 이는 타고난 여덟 글자는 바꿀 수 없는 노릇이니
궁여지책으로 당장 이름이라도 바꿀 기세이지요.

命

우리는 사주를 거울에 비유하곤 하지. 사주라는 거울을 통해 나의
감정이나 욕망에 휘둘리지 않고, 나 자신을 제3자의 시선으로
냉정하게 관찰할 수 있다는 의미일 거야.
하지만 '바라보는 나'와 '거울 속의 나'를 동일시하면 안 돼. 어쩌면
숙명론에 길들여져 '나는 이럴 수밖에 없다'고 체념하는 나일지도
모르니까.
나를 비추는 거울을 깨트려야만 할 걸세. 진짜 거울은 '마음'에
있어.
물론 내 마음 알기가 쉽기야 하겠어? 그럼, 아무나 도道를 깨치게?

PD

"아이고, 내 팔자야"라고 절망하는 이들에게, "팔자가
어떻다고요?" "당신은 하느님이 주신 '하나뿐인 선물'입니다."라고
말해주는 것이 PD가 묻고 운명이 답해야 할 최종 목표이겠군요.

맞네. 운명은 고정된 판결문이 아니라, 당신의 마음 먹기에 따라 끊임없이 변화하는 가능성일세.

자신을 사랑하게. 그리고 그 사랑의 출발점으로 내 사주를 있는 그대로 수용하게. 그다음, 팔만대장경이 가르치는 '긍정의 마음—心'을 가지고, 운명을 주체적으로 끌어당기는 삶을 시작하게. 운명의 방향타는 언제나 당신의 손에 있다네.

"그러나 내가 가는 길을 그가 아시나니 그가 나를 단련하신 후에는 내가 순금같이 되어 나오리라."
—『구약성경』「욥기」 23:10

. . .

1. **로젠탈 효과**Rosenthal effect: 타인의 긍정적인 기대가 실제 성과를 향상시키는 심리적 현상

2. **칠살七殺**: 일간을 강하게 극하는 오행. 압박과 고생을 주지만, 이를 극복하면 한 번에 주목받는 스타성이나 큰 성취를 이룰 수 있다.

3. **응기應期**: 사람이나 사물, 사건 등이 실제로 드러나는 시기. 운세의 변화나 발동의 전환점으로 해석된다.

10장

나의 사주,
나의 길

운명은 나에게 무엇을 원했는가

저는 수많은 사람의 이야기를 카메라에 담아온 PD였고, 지금은
그들의 사주팔자를 읽어주는 상담가입니다. 이 긴 여정의 끝에서,
저 자신에게 던지는 질문이 하나 있습니다.

1부 1장에서 독자 여러분께 '너, 벼락 맞았다'는 이야기를
전해드렸습니다. 그 사고로 저는 2박3일 만에 죽음의 문턱에서
기적적으로 살아 돌아왔습니다. 생과 사가 모호했던 그 시간 동안,
저는 '꿈인지 현실인지 알 수 없는 어떤 메시지'를 경험했습니다.

그것은 과거의 파노라마나 밝은 빛을 보는 일반적인 임사체험과는
달랐습니다. 저는 죽음의 경계에 놓인 어떤 공간에 가게 되었고,
누군가가 '나의 지난 20여 년 삶'을 보고하는 걸 들었습니다.
두려워 감히 고개를 들어 쳐다보지는 못했지만, 절대자로 느껴지는

존재가 보고자에게 물었습니다.

"왜 이리 빨리 데려왔어?"

저는 본능적으로 잽싸게 끼어들었습니다.

"제가 마음의 죄는 지었을지언정, 누구를 물리력으로 해한 적 한번 없습니다. **세상에 나가 할 일이 있습니다.**"

이 대화는 저의 34년 PD 생활과 정년퇴직 후의 삶을 관통하는 사명使命이 되었습니다. 저는 '세상에 나가 할 일'이 아직 남아있었기에 다시 태어났고, 그 일은 PD로서 우리 사회 약자의 목소리를 대변하고, 정년 후에는 명리 상담가로서 힘들어하는 사람들에게 위안과 희망을 주는 것이었습니다.

이 책의 1장부터 29장에 이르기까지, 저는 '죽음의 문턱에서 다시 얻은 삶'이 저에게 던진 단 하나의 질문에 답하기 위해 달려왔습니다. 바로 "당신은 이 운명 앞에서 어떤 마음一心을 가질 것인가?"라는 질문입니다.

1부에서 던졌던 '운명은 정해져 있나요?'라는 질문은, 이제 '삶은 정해진 부분命과 개척할 수 있는 부분運의 서사敍事'라는 해답으로 바뀌었습니다.

내 삶을 관통하는 세 가지 키워드

인생은 팔자八字가 아닌 길道이라는 이름의 여정입니다. 팔자는 타고난 대본, 즉 나의 그릇의 재질을 알려주는 출발점입니다.
하지만 운運은 그 대본을 해석하고, 연출하고, 행동하는
나의 자유의지로 채워집니다. 나의 운運이 종내 나의 명命을
완성시키거나 혹은 망가뜨립니다.

우리가 30장에 걸쳐 이야기 나눈 모든 지혜는, 독자들이 이
삶의 무대의 '주인공'이 되어 당당하게 '나의 길'을 걷도록 돕기
위함입니다.

키워드 1: 나의 그릇命을 알라 - 자기 수용의 첫걸음

명리학은 '나의 그릇'이 어떤 오행과 기질로 이루어졌는지
알려주는 사용 설명서입니다. 자신을 사랑한다는 건 나의 그릇을
인정하고, 남 걸 탐하지 않는 것에서 시작됩니다.

키워드 2: 나의 사주, 인생의 전/후반전을 읽다

저는 벼락 사고 이후, 저의 사주를 명리학적으로 분석하며 삶의
전개 방식에 소름이 돋았습니다. 마치 누군가 저의 '팔자八字'를
미리 설정해 놓은 것처럼, 삶의 전반전과 후반전이 명확하게
구분되어 있었습니다.

時柱	日柱	月柱	年柱
편인	본원	정재	편관
甲	丙	辛	壬
午	寅	亥	寅
겁재	편인	편관	편인

1. 인생 전반전: 하늘이 주신 길 따라 세상을 안다

월지 해수亥水에서 년간 임수壬水 편관偏官이 투간한 것은, 국가
기관의 큰 조직공기업, KBS에서 일하라는 필연이었습니다. 해수물-
기획/유연함와 오화午火, 방송/영상의 기운을 받아, 저는 생로병사의
비밀, 걸어서 세계속으로, 아침마당 등 KBS 교양 프로그램의 주요
라인업을 섭렵했습니다.

기자는 사실Fact을 추적하지만, PD는 사실 너머의 진실Truth을
추적하는 사람입니다. 저는 PD로서 가난한 사람, 아픈 사람,
소외된 사람 등 우리 사회의 약자 목소리를 대변하는 걸 하늘이
부여한 사명이라 생각했습니다.

토土 식상食傷의 부재는 재물을 생산하는 통로식상생재가 끊겼음을
의미합니다. 또한 끼나 재주식상를 발산하는 예능 프로그램을
하겠다는 생각은 아예 못 했고, 고위직 승진에도 한계가
있었습니다. 이처럼 토의 부재는 전반전의 여러 성공에도 불구하고
해결되지 않았던 갈증으로 남았습니다.

2. 인생 후반전: 하늘의 소명이 꽃을 피운 순간

힘든 운명에 지치고 불확실한 미래에 불안한 사람들에게 운명의
진실을 읽어주고 위안과 희망을 주는 일이 바로 PD 시절 제가 하던
일의 연장선이라는 걸 깨달았습니다.

저는 퇴직을 준비하던 시기에 명리학을 통해 이 결핍을 명확히
알게 되었고, 이제야 비로소 삶의 대역전을 맞이하고 있습니다.
저의 운運에는 무오戊午 대운으로 시작해 기미己未 대운까지 토土
오행이 20년간 저의 삶으로 들어왔습니다. 하늘의 소명이 꽃을
피우는 순간입니다.

무토戊土 식신은 제가 공부하고 익힌 편인偏印의 지혜 보따리를
세상에 펼칠 수 있는 강력한 표현의 통로가 되었습니다. 이처럼
없던 오행이 들어왔을 때, 저는 이 귀한 기운을 개인의 이득이 아닌
사회에 봉사하는 능력으로 삼아 후학들에게 지혜를 나누고 책을
출간하며 세상에 환원할 겁니다.

이처럼 나의 사주는 나를 괴롭히는 결핍이 아니라, 나의 삶을 가장
완벽하게 설명하는 로드맵이었습니다. 나의 길을 안다는 건, 삶이
나를 어디로 이끌었는지 알고, 남은 삶을 어떻게 완성해야 할지
아는 지혜를 얻는 것입니다.

완생完生은 정체, 미생未生은 발전

바둑에서 상대에게 잡힐 염려 없이 영원히 살아남은 돌을
완생完生이라 부릅니다. 많은 이들이 완벽하고 안전하며, 더 이상
흔들릴 걱정 없는 이 '완생'을 꿈꿉니다. 명리학을 찾아오는 이들
역시 자신의 사주에 결점이 없는 완생을 갈망합니다. 돈, 명예,
건강, 배우자 복까지 모든 것이 완벽하게 갖춰진 삶 말입니다.

하지만 세상에 결점 없는 사주가 없듯, 완벽한 '완생'의 삶 또한
존재하지 않습니다. 모든 게 정해진 길을 걷는 삶은 더 이상 발전할
여지도, 재미도 없는 정체된 삶이 될 수 있습니다. 맹목적으로
완생만을 추구하다 보면, 가장 중요한 동력인 성장을 잃어버릴 수
있습니다.

외려 흥미로운 건, 사주에 결핍이 있는 소위 '나쁜 사주'가 더 큰
성공과 발전을 이뤄내는 경우가 많다는 사실입니다. 바로 흔들리고
불안정한 '미생未生'의 삶을 살아가는 이들입니다. 그들은 타고난
결핍을 채우기 위해 끊임없이 노력하고, 그 과정에서 자신도
몰랐던 잠재력을 발견합니다. 미생은 완생이 되기 위해 필사적으로
돌을 이어가며, 그 과정에서 삶의 진정한 의미를 찾아냅니다.

늙은 쥐와 솥뚜껑의 지혜

젊은 시절의 뜨겁던 힘ヵ은 나이 들수록 사라지지만, 세월의
흔적은 그 어떤 지식으로도 대체할 수 없는 지혜를 선물합니다.

오래전, 젊은 쥐들이 솥 안에 있는 밥을 꺼낼 방법을 찾지 못하자,
늙은 쥐에게 물었습니다. 눈이 어두워지고 행동마저 느려진 늙은
쥐가 말했습니다. "솥 한쪽 다리 밑의 흙을 긁어내게. 그러면 솥이
기울어져 쓰러질 테고, 그러면 솥 안에 있는 밥을 먹을 수 있을
걸세."

지혜는 지식과 달리 배워서 얻을 수 없습니다. 늙은 쥐가 가진 건
오랜 경험을 통해 축적된 '통찰력'이었습니다. 이는 겉으로 보이는
물질문명 젊음이 아무리 발달해도 디지털화할 수 없는 혜안입니다.

인생은 소풍처럼

돌이켜 보면, 저는 34년간 PD로 살면서 삶의 질문을 던지고 답을
찾아왔던 거 같습니다. 단지 그때는 그게 명리학인 줄 몰랐을
뿐입니다.

명리학은 학문이기 이전에 삶의 자세입니다. 삶은 나의
사주팔자라는 이름으로 나를 떠나지 않고 끊임없이 질문을 던지며

나의 성장을 원합니다.

이 책을 통해 독자들이 잃어버렸던 자신을 찾고, 자신을 사랑하는
마음으로 삶을 끌어안으며 뚜벅뚜벅 '나의 길'을 걸어가기를
바랍니다.

"운명은 어쩔 수 없는 숙명이 아니라, 당신의 마음먹기에 따라
끊임없이 변화하는 가능성입니다." 이제 당신은 이 가능성을
열어젖힐 준비가 되었습니다.

너도 한번 나도 한번
누구나 한번 왔다가는 인생
바람 같은 시간이야 멈추지 않는 세월
하루하루 소중하지
미련이야 많겠지만 후회도 많겠지만
어차피 한번 왔다가는 걸
붙잡을 수 없다면 소풍 가듯 소풍 가듯
웃으며 행복하게 살아야지
― 추가열, 「소풍같은 인생」